SUMÁRIO

Prefacio

Ao longo dos anos vimos e vivenciamos homens controlando tudo a sua volta social em uma ideia patriarcal sem limites

Um dos feitos mais inusitado se deu ao transformar uma política de atos dos bons costumes em uma religião e nela independente do lugar que more principalmente em países do antigo oriente onde se propagou feito um vírus maléfico empesteando as mentes de todos que ali viviam e por onde se cultuava tal pregação
Não estou dizendo que você tem que largar suas crenças religiosas nesse exato momento, mas é preciso rever alguns conceitos nos quais foram escritos por homens na era do bronze para homens
Ao longo das histórias vemos o quanto se valoriza o homem e ao mesmo tempo há uma enorme desvalorização na mulher

Vejam um exemplo simples se um homem sair com diversas mulheres ele é considerado o garanhão mas lembre-se que o termo garanhão se dá àquele que tem a possibilidade de propagar seus melhores genes aquele que está apto que ser o tal Pai verdadeiro macho alpha e na maiorias dos casos não é isso que se vê
Ouvimos histórias que garotas que iludida por um amor falso se envolveu com um qualquer engravidou e foi largada

Por outro lado, quando uma mulher se envolve com vários rapazes a histórias muda completamente, não precisamos citar os nomes de como às veem, porém não só os homens, mas a sociedade em si adotara essa forma de repudiar e excluir

Ai eu lhe pergunto por que dessa diferença por qual motivo tal medida tão desproporcional acusa um de um lado enquanto outro é vangloriado

Bem isso se dá ao fato em partes por dois motivos simples
O primeiro se trata apenas e exclusivamente do ego machista em não aceitar competições ao ponto de acreditar que tudo a sua volta o pertence inclusive a mulher na qual ele acredita ter posse
O segundo está relacionado a tal prole por se tratar de um filho que não faça parte de seu gene inconscientemente ele acha que aquela mulher não serve mais para estar ao seu lado

Vejam que em ambos os casos a mulher é vista apenas como uma máquina biológica de fazer filhos para esse tal homem que deseja dar continuidade a sua ninhada de filhos propagando seus genes não apenas com as mesmas doenças genéticas, mas com seus caráteres da estupidez machista

Se compararmos o comportamento de outros animais que vivem em sociedade no reino animal veremos que todos sem exceção vivem em uma sociedade matriarcal ,não importa qual pode escolher : elefantes, leões, hienas até

mesmo os insetos como formigas e abelhas e se você se perguntar o porquê disso é simples se trata da harmonia
O mundo só funciona perfeitamente quando está em harmonia e apenas o toque feminino é capaz de chegar a tal exatidão
Quando a fêmea seleciona o macho ideal existe uma grande probabilidade de trazermos ou buscarmos o mais próximo da perfeição isso se trata dos primeiros conceitos descritos por observadores diante da natureza como Darwin ao descrever sua teoria da evolução das espécies notando que o mais apto vai sempre sobreviver

Ao contrário do que escolhemos para nós humanos onde essa seleção natural que deveria partir da mulher deixou de existir e dentre culturas abusivas onde existiam e talvez por mais que nos tempos atuais você não saiba mas ainda tem os tais casamentos arranjados ou infelizmente a mulher acaba a escolher e se iludir sem culpa do tal macho ideal

O que precisamos ter em mente é duas coisas básicas
A mulher não precisa se resguardar dentro de uma caixa como Cinderela ou Rapunzel esperando pelo seu tal príncipe encantado
Ela pode sim experimentar e viver a vida tanto quanto os homens vieram ao longo dos tempos deflorando e fugindo como beija-flor

A mulher pode e deve ter controle da situação em conquistar e cativar o homem ideal, aquele que a fará feliz

e a completará como mulher e é exatamente isso que irei
mostrar a vocês nesse livro
Se você é uma mulher com uma alma submissa e se sente
feliz com isso , muito bem esse é um direito pleno seu se
se completar como pessoal porém neste livro irei mostrar
que você pode ser uma mulher empoderada ter o homem
ideal ao seus pés e ao mesmo tempo se partir de um desejo
seu pode sim ter seu momento de mulher puta na
cama ,não há mal nenhum e se sentir desejada
agora se você for homem e está se perguntando o que
estou fazendo aqui, bem meu rapaz continue a ler e
aprenda de uma vez a verdadeira forma de como uma
mulher deve ser tratada

Com certeza você se tornará um homem melhor

Pronta para conhecer seu parceiro ideal?

Para pessoas que querem o *melhor* da vida

Amor.

A única coisa que o dinheiro não pode comprar ..., mas pode comprar opções

Entendemos que o trabalho árduo resultou em alcançar seus objetivos e lhe trouxe riqueza com sacrifício. É dado a você luxo, poder, respeito, refinamento e escolhas onde os outros têm opções limitadas.

Você apontou alto, lutando pelo melhor de tudo.

E agora, o "*melhor de tudo*" significa encontrar a pessoa certa para elogiar ainda mais sua vida.

Imagine como é conversar com alguém que entende você.

Criamos um serviço tão exclusivo quanto você. Um serviço exclusivo para o indivíduo de sucesso exigente.

Agora é hora de usarmos nossos conhecimentos para obter a peça que falta. a única coisa que o dinheiro não pode comprar.

Abaixo você encontrará o processo de três etapas que inicia você em sua jornada para encontrar o amor.

Para você, o sucesso não é apenas dinheiro. É confiar em alguém o suficiente para compartilhar suas esperanças, seus sonhos. Seus valores.

E encontrar o par certo, alguém que entende e te ama porque você é você, isso é especial. É a única coisa que você valoriza acima de tudo.

O bom homem

É aquele que compreende bem a essência da alma feminina ,neste caso aquele cara metro sexual que depois você descobre ser gay ,sim conheço vários casos da amigas que se apaixonaram por homens gays outros delas por sorte conseguiram conquistar o coração de algum bissexual que ao contrário do preconceito dito se trata de um ótimo partido bem mas não vamos entrar no tema das orientações sexuais .

Por outro lado, a mulher que conhece um pouco dessa essência masculina se destaca também comunicar-se de forma sucinta faz com que os homens prestem mais atenção e se aproxime mais, uma mulher muito mansa que espoe logo de cara todos seus sentimentos faz com que os homens a sua volta se afastem

Aliás os que demostrem interesse querem apenas tira proveito de uma transa sem compromisso, seja misteriosa

A cadela adestrada

Assim como cães adestrados o ser humano está em busca de atenção a todo tempo, compartilhando fotos em redes sociais usando uma roupa nova, nesse caso as mulheres possuem uma desvantagem diante dessa vaidade pois quando o homem tem conhecimento dessa artimanha acaba por tira proveito

Na prática tudo começa com um pequeno jogo inocente de quem é que manda

Muitos casos a mulher no início do relacionamento para agrada-lo sede algumas concessões que parecem ser insignificantes porem logo a frente custará um preço alto

Não importa qual seja, desde cancelar aquele momento agradável com as amigas no shopping uma ida ao salão de beleza deixar a academia ou aquele delicioso *happy hour* com os colegas depois do trabalho tudo para ficar mais tempo com ele

Você não percebe, mas aos poucos ele está te adestrando a se tornar a cadela perfeita dele

Com o tempo os desafios se tornam mais e mais cobrados

Sem que perceba você acaba abrindo mão de planos não somente de passeios de horas com amigos, mas também de sonhos como carreira, faculdade entre outros

Seu discurso passa a temos que pensar em nós como um só e nesse momento você começa a sonhar coisas como ter filhos e uma bela casa junto ele , porém em muitos casos eles continua a fazer seus sonhos e objetivos não larga a faculdade alias se desempenha mais continua a ir no futebol de quarta com seus amigos

O fato é que quanto mais você abre mão dos seus sonhos interrompendo suas metas irá criar um sentimento de vazio absoluto dentro de si e começará a criar mais e mais expectativas do seu parceiro e com isso ele irá começar a enjoar de você e aquilo que era para ser momentos agradáveis junto a aguem especial se torna uma tortura para ambos os lados , e quem sai perdendo sempre é a mulher que de certa forma está deixando de viver em alguns casos se afastando dos amigos e caso esse relacionamento não dê certo ,depois os mesmos amigos que se sentiram excluídos não terão o mesmo afago e carinho para as tal próximas baladas

Se sacrificar por alguem por algo que você precisa dar a si mesma não se vale o sacrifício pense em você primeiro

Ocupe-se de boas ideias tente também se divertir não apenas ao seu lado, mas com seus amigos

Isso não quer dizer que você está dando de difícil.

Você está em um relacionamento tóxico?

Você está em um relacionamento tóxico ou você esteve em um relacionamento tóxico? Quando se fala de relacionamentos tóxicos, não se refere exclusivamente a relacionamentos românticos, você pode ter um relacionamento tóxico com qualquer um que esteja próximo, seja mãe, pai, irmão, irmã, chefe ou amigo. Há muitos sinais de uma pessoa tóxica e o que eles trazem para o seu relacionamento. Aqui estão 9 sinais de relacionamentos tóxicos e os comportamentos de pessoas tóxicas.

1. CONTROLE E DESRESPEITO

Eles se esforçam para controlar seu tempo e esperam que você gire sua vida ao redor deles. Eles não gostam que você faça planos independentes com seus amigos e familiares, se eles não estão incluídos, eles muitas vezes vão menosprezar e envergonhar você na frente dos outros. Eles também podem ser muito intimidantes e podem controlá-lo através de inveja irracional, tendo uma rédea curta nas finanças ou constante antagonizarão de seu paradeiro.

2. CRÍTICA CONSTANTE

Eles são incapazes de ver a sua perspectiva e, muitas vezes, prejudicá-lo á, concentrando-se mais em seus pontos negativos, em vez de seus pontos positivos. Eles estão constantemente culpando e criticando tudo que você faz. Muitas vezes começa em um nível baixo e se agrava ao longo do tempo formando uma espiral descendente de ressentimento. As pessoas tóxicas escolhem sua personalidade colocando seu personagem no chão, em vez dos comportamentos. Eles raramente são focados em melhorias e soluções, mais ainda em menosprezar e fazer com que os outros sintam que há algo errado.

3.PROJETANDO FALSAS EMOÇÕES

Eles projetam falsas emoções sobre você do que realmente está acontecendo dentro delas. A projeção é um mecanismo de defesa psicológica que é acionado quando traços que eles acham inaceitáveis e reconhecidos em si mesmos são projetados em você.

4. VICIADO EM DRAMA

Eles colocam seu nariz nos negócios de outras pessoas, fofocando desesperadamente e sempre tentando obter uma reação. Onde não há drama, eles tentam criá-lo onde quer que vão. A procura excessiva de atenção é um sinal claro de uma personalidade tóxica, pois desenvolveram um sistema de crenças de que é necessário ir a extremos para obter atenção, independentemente dos sentimentos das outras pessoas.

5. PASSADO DISFUNCIONAL

Eles têm histórias de um passado instável, que remontam desde quando eram crianças, seus relacionamentos na vida adulta e seu trabalho. Haverá histórias de disfunção durante toda a vida, especialmente em seus relacionamentos.

6. MENTIROSOS PATOLÓGICOS

Mesmo se você os pegar em suas mentiras e ter provas claras de que eles estão mentindo, eles vão tentar encobrir a mentira com outra mentira. Eles não entendem realmente a diferença entre a verdade e a mentira porque disseram tantas coisas. Eles são frequentemente incrivelmente habilidosos em mentir, já que precisam constantemente acompanhar suas histórias distorcidas. Eles geralmente gostam de manipulá-lo a fazer exatamente o que eles querem ou sair do problema.

7. GASLIGHTING (abuso psicológico), USANDO TÁTICAS DE MANIPULAÇÃO

Gaslighting é o ato de usar a manipulação lenta para desgastar você durante um período de tempo. Isso faz você sentir que é você quem está perdendo a cabeça. É uma forma maliciosa e sutil de abuso mental e emocional usada para criar dúvidas e tomar o poder. A luz a gás é geralmente calculada e persistente.

8. EXPLOSÕES DE RAIVA

Se eles estão gritando palavras de ódio e mágoa em você ou atacando violentamente jogando coisas, eles são incapazes de controlar sua raiva e podem ter uma explosão a qualquer momento sobre os menores inconvenientes.

9. GRANDES PRETENDENTES

Para o mundo exterior, eles são encantadores, gentis e agradáveis, mas a portas fechadas, eles constantemente depreciam e manipulam você. Ele começa a fazer você se perguntar por que você é o único que pode ver seus traços negativos. O que você tem que lembrar é o seu passado disfuncional e seus relacionamentos com os outros são superficiais, já que são ótimos para 'jogar o jogo' e fingir. Isso ajudará a trazer você de volta ao equilíbrio.

Os perigos de estar em um relacionamento com uma pessoa tóxica são eles vão espalhar sua toxicidade de um relacionamento para o outro e não será apenas em um relacionamento romântico, mas em todo relacionamento em sua vida. Estar envolvido com uma pessoa tóxica pode deixar você se sentindo esgotado, deprimido e esgotado. Perder sua confiança e ter sua mente distorcida é desgastante.

Não há como consertar um relacionamento tóxico, já que a pessoa com quem você está tentando ter esse tipo de relacionamento não perderá todos os traços tóxicos, pois a maioria não os possuirá. Estes 9 sinais que eu discuti não podem fazer parte do seu dia a dia se você quiser manter o auto respeito e a autoestima. O melhor conselho que posso dar é quando você está em um relacionamento tóxico é ... SAIA! Reconheça que você está em um e que não pode fazer nada a respeito, não importa o quanto o admire ou ame essa pessoa. A toxicidade vai se espalhar por outras áreas da sua vida. Seja forte o suficiente para ir embora.

Alguns homens em determinada fase do relacionamento já não demostram tanto interesse nas suas mulheres, porém mesmo assim eles continuam a se certificar que eles estão ali como cadelinhas prontinhas para atendê-los quando bem desejar

Isso se dá ao fato de o homem acreditar que tudo lhe pertence como se fosse um troféu na estante que ele pode ir exibir aos amigos quando bem entender e mostrar vejam aqui está um macho conquistador não seja como um troféu empoeirado na estante esperando receber carinho enquanto ele está lá flertando com outras na rua .

Se no começo ele se desdobrava para estar ao seu lado com bajulo abrindo a porta do carro te elogiando sempre então ele sabe como lhe tratar ,o desuso da cortesia vai acontecendo aos poucos sem que você perceba e um boa culpada disso costuma ser você mesma que também acostumou a não cobrar alguns mimos dele ,não deixe seu homem se tornar o tal " MODO SOFÁ" jamais

Esse é um fato realmente inusitado de se comentar pois aos nossos olhos ele está lá dando atenção da forma dele e você acredita piamente que ele te ama e realmente está porem há um pequeno diferencial

Pois quando ele deixa de ver e a valorizar como mulher, você começará a despertar um outro tipo de amor algo como sente pela mãe, avó ou qualquer outra mulher que tenha o educado ou pior irá vê-la apenas como uma criada pronta para servi-lo não apenas sexualmente mas nos afazeres domésticos e por mais que a grande maioria deles não se importam se o chão esta brilhando se há ou não louças pia você será a culpada não deixe as desvalorização aumentarem e cair tudo nas suas costas .Divida as tarefas delegue os afazeres por menores que sejam esteja no comando .

SOCORRO! MEUS AMIGOS E / OU FAMÍLIA NÃO GOSTAM DO MEU NOVO PARCEIRO! O QUE EU POSSO FAZER?

Para quem já esteve em um relacionamento onde eles perceberam que estão namorando o inimigo, você saberá exatamente do que estou falando.

É a pessoa que você acha que é absolutamente incrível, maravilhosa e brilhante ..., mas você é o único que pensa assim. Seus amigos ou sua família não compartilham seus sentimentos, o que pode se tornar uma situação complicada de gerenciar. Quando você gosta de alguém, você naturalmente quer que as pessoas mais significativas de sua vida também gostem delas, mas, às vezes, pode ser um pensamento positivo.

4 dicas de ouro para aqueles que podem estar se encontrando nesta situação em que você está namorando alguém que seus amigos ou familiares não aprovam e não tem certeza de como proceder.

1: COMUNICAR

Primeiro de tudo, você precisa ter em consideração o fato de que seus amigos e familiares amam você e só querem o que é melhor para você, por isso, se eles estão percebendo que você está namorando alguém que não é certo para você por algum motivo, você tem que considerar o que os leva a pensar isso. Considere seus sentimentos e converse com eles sobre suas preocupações;

Esta pessoa é um criminoso do passado e eles estão preocupados com você? Tem havido um boato sobre essa pessoa que eles podem ter ouvido ou é apenas um sentimento geral que eles têm?

Você certamente tem que se comunicar com seus amigos e familiares, mas só porque alguém pode considerar seu novo parceiro como um "exibicionista", "acima de si" ou "sabe tudo" "explorador" em público, lembre-se de portas fechadas, entre quatro paredes essa pessoa pode ter um outro lado que só você vê, por isso é importante comunicar as razões pelas quais você é atraído e para a pessoa em questão, se é uma preocupação para seus amigos ou familiares.

2: DEFINIR LIMITES

Quando digo "estabelecer limites", quero dizer em relação ao que é discutido e quanto as pessoas estão julgando e dizendo, mas também estabelecendo limites em relação ao seu tempo.

Quando nos encontramos com alguém, é muito natural entrar no vórtice de gastar todo o seu tempo livre com essa pessoa, pois é difícil se arrastar para longe dela *(por exemplo, períodos de lua de mel)* e muitas vezes nossos amigos e familiares sentem que estão perdidos com seu tempo e energia.

Se você é uma infratora reincidente por fazer isso, e agora seus amigos e familiares não gostam de seu novo parceiro, isso causa mais problemas do que o normal, então tente definir limites para compartilhar seu tempo.

Eu não estou dizendo para compartilhar 'igualmente' entre duas partes, mas considere as necessidades das pessoas que estão sempre lá para você, solteiras ou não.

3: OLHE PARA O SEU 'EU INTERIOR

Galera, Turma, círculo de amizades ... O que quer que você goste de chamá-lo, a percepção é, você tem uma tripulação apertada? Independentemente de saber se isso se aplica a amigos ou familiares, ter um grupo que seja forte significa que eles irão conversar coletivamente e descobrir se essa é a pessoa certa para você.

Às vezes pode ser muito difícil alguém entrar no círculo - especialmente se você tem uma família grande ou um grupo de amigos unidos e um "estranho" está entrando no grupo.

Pode realmente ser muito intimidante para a pessoa, então eles podem ter seus próprios mecanismos de enfrentamento que podem impactar negativamente em sua família ou amigos.

No entanto, sua família ou amigos **precisam aprender quando recuar**, apoiar suas decisões e, embora eles queiram o que é melhor para você, eles precisam **respeita**r o fato de que você precisa cometer seus próprios erros. Eles não podem protegê-la de tudo ou manipular suas escolhas, limitando suas experiências com essa pessoa.

4: NÃO PROCURE APROVAÇÃO DE TODOS ONDE VOCÊ FAÇA DECISÕES COM BASE NA APROVAÇÃO

Tenha em mente, nem todo mundo vai se dar bem neste mundo. Você pode ter um grupo de amigos em que alguns se relacionam naturalmente com todos e com outros que são mais duros de roer. Nossos amigos e familiares sempre acham que sabem o que é melhor para nós, pois nos conhecem melhor do que ninguém, mas podemos ter experiências limitadas sobre quem namoramos com base nos julgamentos de outras pessoas.

Lembro-me de quando eu tinha cerca de 18 anos e conheci alguém que era cerca de 7-8 anos mais velho do que eu e nós éramos completamente opostos! Ele era um músico, não era empregado durante o dia (ou muito à noite) e meus amigos e familiares perceberam que ele não era bom o suficiente para mim e eu poderia ter algo muito melhor. Ele era um tipo de cara muito "Jeca" e ninguém podia ver a atração lá, mas na verdade nós tivemos um relacionamento de 3 anos. O que as pessoas não viram, foi seu lado intelectual e amoroso, onde eu realmente aprendi muito com ele. Então, se eu tivesse procurado a aprovação de minha família e amigos e baseado minhas decisões apenas nisso, eu nunca teria tido a experiência com ele.

A vida é feita para ser vivida cada qual a sua maneira

As experiências que você tem com alguém são experiências que você pode levar consigo.

Namorados, namoradas, parceiros ... Eles vêm e vão, mas também amizades. Então, os amigos não devem ficar no caminho do parceiro que você escolheu neste momento da sua vida.

Gerenciar seus amigos, familiares e seu parceiro está aceitando que eles podem não aceitar seu interesse amoroso imediatamente, então pense em maneiras de introduzir lentamente seu novo parceiro; talvez organizar reuniões em grupos menores de 1 ou 2, em torno de interesses com os quais seu parceiro e seus amigos / familiares ressoam e podem se relacionar.

 Não adianta tentar convencê-los a se relacionar com algo em que não há interesse mútuo.

Como mencionado anteriormente, você precisa lembrar que seus amigos e familiares só querem o melhor para você, mas você também precisa tomar suas próprias decisões e escolhas que às vezes podem levar a erros, mas no geral são experiências com pessoas diferentes que você leva com você resto da sua vida.

Se você perceber que está namorando o inimigo e todos estiverem contra você, não se afaste - opiniões de amigos e familiares geralmente são baseadas em amor e não em críticas.

Lembre-se que essa ideia serve para ambos os lados

Como você administra quando a sogra não gosta que você ou os filhos do seu parceiro não se agradam com sua presença? É outra situação complicada! Fique ligada!

Todo homem que se sentir o conquistador ,então se você costuma fazer aquele bajulada provocativa ,sem menosprezar ou fazer desfeita ele vai se sentir no direito de lhe conquistar ,lembre-se tudo é um jogo de caça gato ao rato onde se joga a isca e espera para checar seus interesses e saber até que ponto ele está disposto a lutar por você .

De nada adianta ser a namorada resmungona nem tão pouco desejar tomar o lugar dos amigos de conversa furada e cervejas ,não exagere ,seja sempre sensata jogue um charme provocativo ,seja um pouco amiga ,volte a provoca-lo o autocontrole faz no só que ele tenha receio em perder-te mas causará um desejo incontrolável em estar ao seu lado pois começará a vê-la como uma amante e companheira

No momento em que cria esses hábitos que fujam da rotina de um casal normal ele se sentirá a obrigação de criar novas ideias e irá pensar em algo divertido que faça você sentir vontade estar ao seu lado

Ter qualidade não se trata de ter um bundão gostoso um rosto angelical isso conta também, mas não é exatamente isso que fará um homem ideal se prender a você.

Se beleza e fortuna evitassem traições muitos famosos não passariam por situações desagradáveis

Alguns já nem se lembram do episódio com   Brad Pitt e Jennifer Aniston ,belíssima no auge de sua carreira um dos grandes casais queridinhos de Hollywood porém mesmo com todo glamour de dar inveja a qualquer conto de fadas Brad a traiu ,tudo bem que alguns irão dizer mas foi com Angelina Jolie ,não importa ,isso só mostra que por mais que você se dedique em salões de beleza academia esteja no seu ápice jamais pode "acochambrar"

Ter o homem ideal requer um pouco de disciplina

Não deixe ser **afrontada**, ainda mais se for por um sujeito que deixa notório apenas o interesse na cama por você

Se você percebe que o rapaz não demostra interesses pela sua pessoa em si sua companhia e sim apenas pelo seu corpo corra ,mas antes saiba sair com elegância mostre ao pobre desordeiro de corações que você possui outras opções na manga e mesmo que seja blefe saberá se há realmente um interesse verdadeiro por parte dele

Caso ele ligue em um momento depois que sentir tal desinteresse por parte dele, trate-o como um colega

Diga: que bom por ter ligado, você pode me ligar outro horário? Estou com outra ligação na linha

Isso fará com certeza com que ele reveja seus valores.

QUANDO DEVO TERMINAR MEU RELACIONAMENTO?

Para aqueles de vocês que estão em um relacionamento e se encontram infelizes, quando você sabe que é o momento certo para chamar isso de dia ou hora de **ficar** e tentar um pouco mais?

Muitas garotas sentem receio de falar estou namorando e usam o termo estou **"Ficando"** com um cara

Sabe aquela frase arrastando com a barriga

Relacionamentos todos têm seus altos e baixos. Um dos maiores descontentamentos em um relacionamento é quando você chega ao ponto em que não sabe mais o quanto ama seu parceiro ou se ainda está apaixonada por ele. Acabar com um relacionamento porque há complicações parece insensato, todos os relacionamentos têm seus desafios. Tomar a decisão de acabar com o relacionamento pode colocá-lo em um monte de turbulências e aflições, se você não estiver preparado. Estes nove sinais irão ajudá-la a decidir se o relacionamento realmente atingiu o ponto máximo para dar um basta e se decepcionar futuro.

OS 9 SINAIS PARA VOCÊ COMEÇAR A OLHAR NOVOS HORIZONTES INCLUEM;

1. CONSTANTEMENTE ARQUEANDO SOBRE AS MESMAS COISAS

Ninguém gosta de suas frustrações cair em ouvidos surdos, essas coisas de tititi e leva e traz especialmente em um relacionamento amoroso.

Embora argumentar seja uma parte natural de qualquer relacionamento, um dos primeiros sinais indicadores de que seu relacionamento está se encaminhando para a linha de chegada é quando você se encontra em um ciclo contínuo de **brigas sobre os mesmos problemas**, sem nenhuma mudança. Com a tensão entre vocês dois, você pode sentir um forte sentimento de frustração e raiva oprimindo você, impedindo-os de realmente se ouvirem, causando ressentimento a longo prazo.

2. FALTA DE RESPEITO E COLOCAR VOCÊ PARA BAIXO

Em todo relacionamento deve haver respeito mútuo um pelo outro. Se você achar que seu parceiro está colocando você na frente dos outros ou fazendo de você uma tola, não está tudo bem. Quando seu parceiro começa a depreciá-la verbalmente, ele demonstra desprezo e falta de respeito por você. O respeito mútuo significa que você trata seu parceiro de maneira atenciosa e apreciativa. É um conceito fácil que é vital para estabelecer um relacionamento bem-sucedido e saudável. Quando você começa a perceber que seu parceiro começou a insultá-la ou humilhá-la, seja na frente dos outros ou atrás de portas fechadas, *(salvo se for um fetiche todo seu e exclusivamente para aquele momento)* essa é uma grande luz vermelha que seu parceiro pode não ser o escolhido para você. O abuso verbal leva à manipulação emocional e o abuso emocional a longo prazo é tão prejudicial quanto o abuso físico.

3. DISCRIMINAÇÃO DE COMUNICAÇÃO

A comunicação é vital dentro de um relacionamento saudável e feliz. Se o seu relacionamento está no ponto em que você não pode se incomodar em se comunicar ou se encontra confiando nos outros como um ombro para chorar em vez de seu parceiro, você está em conflito. Cada circunstância é diferente quando um relacionamento está enfrentando um colapso de comunicação. Argumentos repetidos e tensões cotidianas, juntamente com uma variedade de outros fatores, podem ser a causa comum se ambos falharem em expressar claramente suas frustrações de maneira cuidadosa e amorosa. Em muitas situações, as quebras de comunicação podem ser resolvidas se ambos decidirem resolver os estresses juntos e encontrar um terreno comum. É quando você e seu parceiro começam a se relacionar por meio da negatividade, é quando é hora de reavaliar seu relacionamento.

4. FLIRTING CONTÍNUO COM OUTRAS PESSOAS

Se você ou seu parceiro estão flertando com os outros, buscando atenção e validação fora de seu relacionamento, há sinais claros de infelicidade e insatisfação em sua vida amorosa.

É extremamente importante se comunicar com seu parceiro e definir os limites on-line e off-line em relação ao que é aceitável em seu relacionamento. Paquerar é impulsionado por um desejo romântico ou luxurioso mais frequentemente do que não, resulta em infidelidade se é uma ocorrência contínua.

Esteja on-line ou acontecendo bem na frente de seu rosto, flertar com outras pessoas em um relacionamento sério é prejudicial de qualquer forma. Quando você ou o seu parceiro buscam a validação de outras pessoas, é nesse momento que você precisa considerar o que acha que está faltando em seu relacionamento e se você pode ser mais feliz solteiro.

5. SUA FELICIDADE É DEPENDENTE DO FUTURO

Colocar você ou a felicidade de seu parceiro para eventos futuros está colocando uma fantasia falsa de que o futuro será melhor que o presente.

Manter a felicidade em eventos como quando você morar juntos, casar, ter um bebê ou fazer a promoção e assumir que eles são uma solução para seus problemas é simplesmente sugar a situação e não vai mudar nada em seu relacionamento. Grandes eventos da vida são maravilhosos e gratificantes, mas eles também vêm com muito estresse e testarão ainda mais o seu relacionamento, especialmente se ele já estiver em solo rochoso.

Se os dois não trabalharem juntos durante as pequenas tempestades, você não sobreviverá aos grandes e, se estiver se esforçando para o futuro, já terá começado a se separar. Seus problemas de relacionamento e descontentamento não serão resolvidos, ignorando-os e pensando que eles desaparecerão com a ocorrência de eventos futuros.

Você tem que estar presente no momento e trabalhar nos problemas agora, é claro que você deve esperar por eventos futuros, mas não coloque muita pressão sobre a situação mudando naturalmente quando um novo evento de vida acontece e pensando que é a resolução mágica que você tem esperado há tempos.

6. SEU RELACIONAMENTO ESTÁ TENDO UM IMPACTO NEGATIVO EM OUTRAS ÁREAS DE VIDA

Quando seu relacionamento está tendo um impacto negativo em outras áreas de sua vida, é extremamente angustiante.

Se você está investindo em um relacionamento para chorar depois de uma briga ou não é capaz de ver seus amigos ou familiares regularmente devido a um conflito causador de seu parceiro, isso é um sinal claro de que esse relacionamento não pode continuar a longo prazo.

Em qualquer relacionamento íntimo que você tenha, isso afetará todas as áreas de sua vida, é quando seu relacionamento está atrapalhando sua felicidade e causando um impacto negativo é quando o estresse e a tensão vão surgir.

Estar em um relacionamento deve ser uma **experiência positiva e satisfatória**, onde seu parceiro permite que você **floresça**, independentemente de estar em sua vida profissional ou pessoal. Se o seu parceiro não está te trazendo felicidade ou te segurando, pode ser hora de pisar no freio no relacionamento.

7. NÃO QUERO MAIS AS COISAS

Na vida, estamos constantemente crescendo, nossas necessidades, interesses, metas e desejos estão sempre mudando à medida que crescemos.

Isso é claramente destacado nos relacionamentos, pois o que uma vez desejamos pode não ser o que queremos agora, criando distância entre você e seu parceiro. Quer a dinâmica familiar tenha mudado onde os seus filhos cresceram e se mudaram, ou você acabou de descobrir que ambos não clicam mais, o processo é muitas vezes gradual e causado por uma variedade de fatores diferentes, em vez de apenas um incidente em particular.

8. FALTA DE INTIMIDADE E SEXO!

A intimidade é um dos aspectos mais importantes de um relacionamento. A falta de intimidade e afeição está colocando o relacionamento para o fracasso, uma vez que simplesmente não vai durar sem o **poder do toque**.

Os humanos precisam ser tocados, mantidos, consolados e beijados. Quando a intimidade começar a diminuir, todas as outras áreas do relacionamento começarão a desmoronar.

Ser sexualmente íntimo com o seu parceiro é um fator enorme em qualquer relacionamento amoroso, pois é a única coisa que você faz com o seu parceiro, que você não está fazendo com mais ninguém. Ter um vínculo íntimo em seu relacionamento é essencial para formar uma conexão duradoura.

Se os períodos de estiagem durarem um pouco demais ou você estiver descobrindo que suas necessidades sexuais não estão sendo **satisfeitas**, isso é um sinal claro de que seu relacionamento está em extrema necessidade de ajuda. Suas fantasias sexuais e precisa mudar ao longo do tempo.

É essencial que você e seu parceiro permaneçam sexualmente compatíveis e continuem fazendo amor. Quando o sexo para por longos períodos, seu relacionamento fica em alerta máximo para entrar na mesmice enterrado em uma cova.

9. NÃO GASTAR O TEMPO DE QUALIDADE JUNTOS

Fazer coisas de qualidade com o seu parceiro e se divertir é essencial para um relacionamento saudável e satisfatório.

Ter uma boa risada e tirar o tempo de suas agendas lotadas para se conectar e se divertir é essencial, casais que brincam juntos, ficam juntos.

Encontrar novas atividades que você pode compartilhar fora de seus próprios interesses permite que você se veja sob uma nova luz.

Ninguém quer ser o casal desajeitado sentado em um restaurante sem nada a dizer. A grama cresce onde você rega mais, mas atenção você paga para o seu relacionamento, menos provável é que você vai começar a procurar por grama mais verde.

Auto estima é tudo então cuide de si, cultive boas lembranças sempre que puder

Ser humano tem um habito de esquecer tudo de bom com mais facilidade que coisas desagradáveis que nos acontece,

O homem em si só por mais que te admire e sinta-se bem ao seu lado costuma esquecer dos bons momentos que teve com você ainda mais se tiver um muro em suas lembras mostrando situações desagradáveis

A menos que você o faça lembrar constantemente

Relembre bons momentos que passaram juntos cite-os de vez em quando aquele primeiro passeio aquela transa especial aquele lugar que foram juntos pela primeira vez e houve boas surpresas, não relembre apenas coisas que lhe fizeram bem, mas coisas que fizeram com que ele se sentisse bem ao seu lado

As palavras têm poder, não apenas em dizer eu te amo, mas em como são usadas fazendo seu coração palpitar mais forte por você.

No fundo todo homem sonha em ter uma mulher forte ao seu lado e o maior significado nisso está que em seu subconsciente ele sempre procurará uma imagem feminina que simbolize sua própria mãe ,por tanto se souber enxergar o que há de bom na sogra e suas qualidades crescera não só como mulher amadurecendo também como ser humano , Se o homem ideal está ao seu lado algumas dessas qualidade ele a viu em você.

OS TELEFONES MÓVEIS ARRUINAM RELAÇÕES

A relação que desenvolvemos com nossos telefones celulares disparou para a *"codependência"*, completa com a ansiedade de separação, caso nos tornemos desconectados ou perdidos um para o outro. Vamos respeitar o telefone celular e reconhecer o relacionamento amoroso que temos com nossos telefones.

Dependência de telefone tornou-se uma epidemia olhando para trás como o mundo sobreviveu sem um, nós temos um forte e profundo apego muito parecido com o amor romântico.

Usamos o nosso telefone como uma ferramenta de negócios, para manter contato com amigos e familiares, para assistir Netflix, encontrar amor, tirar fotos, marcar uma data, fazer compras, estudar e até obter prazer sexual fazendo o download de pornografia. Quem mais na vida preenche todas as descrições de trabalho, se não o nosso telefone?

Então, onde é que cedemos às nossas relações com o nosso telefone para honrar o relacionamento que temos com o nosso parceiro ou com outros seres humanos da vida real?

SERÁ QUE VOCÊ ESTÁ NAMORANDO SEU TELEFONES MÓVEIS?

Devemos colocar nossos telefones para baixo ao comunicar pessoalmente com o nosso parceiro? Nós podemos dizer com segurança que eles estão muito envolvidos em nosso relacionamento, indo para a cama conosco, acordando com a gente, e muitas vezes o caso da companhia de duas pessoas é uma multidão.

A desconexão que os telefones celulares criam em nossos relacionamentos é inegável. Celulares se juntam a nós na mesa de jantar como um parente indesejado, tomando nossa atenção com notificações, como uma criança exigente, tocando no momento mais inconveniente, estragando o clima e são fáceis de alcançar para reagir emocionalmente. Sim, o celular foi responsável pelo desaparecimento de muitos bons relacionamentos.

 Quando as emoções estão altas, o celular pode ser tanto um amigo quanto um inimigo. Sentado na mídia social assistindo a sua amada, envie mensagens para outras pessoas e responda a postagens ignorando você, em um momento de pressa você decide pegar o telefone e atirar uma mensagem de texto sarcástica ou pior ainda uma mensagem abusiva. Adicione álcool e realmente não há vencedores. O que foi enviado não pode ser enviado!

VAMOS VOLTAR O CELULAR E VER O OUTRO LADO

O que o telefone permite em seu relacionamento? O telefone é normalmente responsável pela capacidade de o relacionamento existir em primeiro lugar. Reunindo-se em um aplicativo ou para configurar a comunicação em primeira instância - sem o celular, as mensagens de texto divertidas, emocionantes e sedutoras no início do relacionamento não existiriam. Configurar uma data ou um texto de boa noite para enviar você no estado eufórico desejado por seu interesse amoroso.

Não nos esqueçamos da capacidade de manter contato enquanto estamos separados, criando a sensação de proximidade. O telefone é responsável pela validação e comunicação que você compartilha quando não está junto. Mantém você conectado de maneira saudável e permite que você compartilhe momentos especiais enquanto eles se desdobram durante o dia.

 Sem mencionar o fato de fornecer a capacidade de honrar o relacionamento comunicando atrasos, fornece suporte quando você não estiver em condições de receber uma ligação e permitir que você comunique o que você não pode dizer cara a cara.

Em uma pesquisa recente conduzida pelo **Open Market,** **75% dos Millennials** escolheram mensagens de texto por falar. Não há disputa de telemóveis (celular) **mudaram** a maneira como temos relacionamentos, mas eles não mudaram a maneira que amamos. Para cada ponto negativo, há um benefício igual. Os telefones celulares suportam relacionamentos - são as pessoas que operam o dispositivo que é responsável pelo uso indevido do maior recurso tecnológico votado pelos seres humanos na última década.

FAZER E NÃO FAZER COM SEU APARELHO MÓVEIS EM UM RELACIONAMENTO

NÃO FAZER

- Não envie mensagens enquanto estiver em um encontro ou com seu parceiro
- Não envie mensagens abusivas emocionalmente carregadas no calor da raiva
- Não texto sob a influência do álcool
- Não verifique o telefone de seus parceiros, permita privacidade no relacionamento "deles"

FAZ

- Comunique mensagens alegres e elogiosas

- Responda a todas as mensagens e permaneça consistente
- Gastar tempo fora do seu telefone todos os dias para evitar o vício do celular

- Aproveite o uso de seu telefone para criar um relacionamento mais conectado - Mensagens de voz e tempo facial mostram seu amor em um nível mais profundo do que um texto de menosprezo.

Não deixe sua vida regular distrair você

Muitas pessoas ficam presas em suas bolhas do dia-a-dia: vão ao mesmo café que fazem todas as manhãs, vão à mesma aula de ginástica depois do trabalho, vão aos mesmos locais para almoçar ou fazer um café da tarde com as mesmas amigas todas as manhãs. fins de semana, vão para os mesmos bares que eles frequentam desde os seus

20 anos, e escolhe ficar em um evento de gala de caridade, festa de aniversário, etc.

Elas estão usando os aplicativos, de encontro tentando ser descoladas mas esquecem que a futilidade deste encontros não passam de meras aventuras típicas que fazem parte de uma nova geração e esquecem do mais primordial de que está fazendo elas com suas atitudes parte de um grupo do passado com ideias passadas e já não se vem muitas vezes fazendo parte do mesmo grupo de conversas que antes a alegrava

Talvez você esteja vivenciando algo parecido então muito cuidado pois logo estará se achando a tiazona, não aquela do tal programa H que muitos nem sequer lembre hoje, mas se você se lembrou desse episodio muita calma nesta hora

Acredito que existem coisas que continuaram sendo no velho e clássico tipo como os encontros olho no olho
Hoje nos deparamos com uma cultura bem mais pobre do que as do nossos pais isso é claro quando falamos musicalmente

---

Cuidado com a música que os governantes dão ao seu povo. Eu conheço o estado pela música que os governantes dão ao povo. Platão a república

---

Certa vez recebi de presente do meu primo um livro que tratava sobre um tema que na época estava em grande evidência falava sobre o Segredo sei que alguns de vocês já devem saber exatamente do que falo sobre você atrai aquilo que você pensa e aquelas coisas poéticas sobre conseguir o amor da sua vida ou fortunas carro do ano casa nova tudo parece bem lindo e fácil de por em pratica só que o que eles não contam é que "Você atrai aquilo que você é e não aquilo que você pensa"

O que quero dizer é que de nada adianta você sonhar e almejar ter o tal homem ideal ao seu lado realizando todos seus caprichos se na vida real suas atitudes estão sendo requebrar descendo até o chão ralando o bumbum se achando a novinha de quatorze anos pronta para satisfazer algum **Humbert Humbert** pois não será

Um momento inesquecível não está relacionado exatamente a uma noite de sexo existem vários fatores que englobam tal momento que fazem parte das preliminares uma boa musica ,troca de olhares o afago com respeito do homem protetor demostrando preocupação .qualquer homem que tenha plena consciência sabe instintivamente a forma adequada de se aproximar e exibir interesse com segurança alguns rapazes sem experiencia costumam chamar a atenção de forma negativa se exibindo diferente de um homem mais seguro até mesmo um rapaz que cresceu dentro de um presidio saberá distinguir fazer sexo enquanto assiste à televisão é deselegante ,essa postura rude acontece corriqueiramente em outros aspectos até mesmo o celular na mão

Vejam bem, se todo ato não parte de um desejo algum fetiche combinado por ambos não há necessidade de existir naquele momento, nada impede de transarem assistindo uma cena picante para dar aquela apimentada ou decidirem fazer um jogo de filmar com pleno consentimento é claro

Porém misturar as situações e achar que fazem parte do conjunto com o tempo irá passar uma impressão de desinteresse por você e logo começa imaginar com razão que ele só consegue sentir atração por você com um estimulo de fora

Volto a ressaltar isso não impede para aqueles que se sentem felizes com qualquer estimulo externo como brinquedos erótico, ménage com algum convidado ou quaisquer outras travessuras que o casal decidir compartilhar entre si

COMPARTILHANDO DESEJOS SEXUAIS...

Primeira coisa que precisamos lembrar; a repressão sexual é uma destruidora de relacionamentos, no entanto, há inúmeras razões pelas quais alguém pode não se sentir confortável em compartilhar esse lado com o parceiro. O apetite sexual pode mudar ao longo de um período de tempo, e devemos ser capazes de explorar essas mudanças quando elas ocorrerem. Muitas vezes, aqueles que estiveram em um relacionamento por um período significativo de tempo, podem se sentir desconfortáveis ao discutir essas mudanças com o parceiro. Então, quais são algumas das razões pelas quais as pessoas podem se sentir desconfortáveis em revelar seus desejos sexuais e torções para seu parceiro?

RAZÃO 1: O MEDO DE SER JULGADO E REJEITADO

Isso definitivamente reprimirá seus sentimentos, o que torna mais improvável que você se abra e compartilhe seus sentimentos com seu parceiro.

RAZÃO 2: CULPA E VERGONHA

Essas emoções são frequentemente associadas a esses desejos, pois frequentemente nos dizem que são ruins ou estão errados em ter esses pensamentos. Isso pode ser devido a uma educação religiosa, mas, mesmo que não seja, a culpa e a vergonha experimentadas sempre impedirão o compartilhamento.

RAZÂO 3: VOCÊ NÃO COMPREENDE INTEIRAMENTE SUA PRÓPRIA SEXUALIDADE

O que você pode ter gostado uma vez, pode não ser mais o que você gosta. Como mencionado anteriormente, os apetites sexuais frequentemente mudam com o tempo, portanto, não entender completamente sua própria sexualidade pode impedi-lo de compartilhar esse aspecto de sua vida.

RAZÂO 4: VOCÊ APENAS NÃO SABE COMO TRAZER O ASSUNTO!

Como você realmente traria a conversa? Às vezes é um pouco mais difícil do que apenas dizer "Ei, vamos falar sobre nossos desejos sexuais!" - pode parecer um pouco estranho para algumas pessoas até mesmo descobrir como iniciar a discussão.

QUAIS SÃO AS RAMIFICAÇÕES POR NÃO TER A CONVERSA?

Pode realmente ter alguns efeitos graves sobre os relacionamentos e vou dividi-lo ainda mais para você.

Digamos que você tenha um desejo por vinho e queijo. Você realmente quer ter um pouco de vinho e queijo, mas seu parceiro só está ciente de que você gosta de sorvete e chocolate, assim, como resultado, ele continua trazendo-lhe sorvete e chocolate.

Você realmente ama sorvete e chocolate, mas não está lhe completando naquele momento a demasia se torna sufocante ao ponto de não saborear. Você precisa de vinho e queijo.

Pois bem, você deve estar se perguntando onde eu estou indo com isso?

  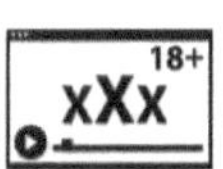 

Quando isso acontece, seus desejos **não estão sendo atendidos**, mas seu parceiro ainda está fazendo a coisa certa por você *(na cabeça dele)* e sob a impressão de que els está cumprindo seus desejos, mas seus desejos mudaram e quando eles não são atendidos, eles param?

Não, eles não. Eles continuam a ficar maiores e maiores, como o elefante na sala e sempre que você reprime algo que você realmente deseja, você sai e procura, eventualmente, subconscientemente criando situações para si mesmo;se você atua sobre esses desejos, torna-se infidelidade, mas se você não fizer isso, esses sentimentos ainda não vão embora.

ENTÃO O QUE VOCÊ PODE FAZER?

Simplificando, você morde a bala e compartilha seus desejos com seu parceiro. Ter a conversa. O que você tem a perder? Se você não os compartilha, seus desejos nunca serão alcançados no relacionamento em que você está, no entanto, se você compartilhá-los, é claro que há uma chance de eles ainda não serem cumpridos, mas você aumentou significativamente suas chances em finalmente ter seus desejos realizados ou pelo menos atingir um meio feliz.

Dependendo se você e seu parceiro representarem suas ânsias, às vezes é apenas discuti-los, o que pode trazer uma dinâmica diferente para o quarto. Você tem que entender quando você está fazendo amor com seu parceiro e explorando um ao outro sexualmente, você está ficando conectada e íntima um do outro. O relacionamento se torna mais gratificante, então lembre-se que há muito mais a ganhar apenas **abrindo a boca** e dizendo o que é que você realmente deseja. Você nunca sabe, você pode descobrir que o seu parceiro também secretamente anseia vinho e queijo!

Qualquer coisa que você precise fazer para conversar, seja uma coragem holandesa *(Dutch courage*

A coragem fictícia que uma pessoa tem quando está bêbada) ou um jogo de sexo engraçado ou mesmo um teste de sexo para iniciar a conversa, o que for preciso, abra a conversa porque sempre será melhor do que dizer que também desenvolverá uma conexão mais profunda.

Se por acaso o seu parceiro não aceitar os seus desejos, você ainda teria sido o seu eu verdadeiro e autêntico por não negar ou reprimir nada e, ao fazê-lo, desenvolverá uma conexão emocional e física mais feliz e saudável com a pessoa mais importante ... Você mesmo!

O QUE É INFIDELIDADE?

Um dos grandes triunfos que adquirir em meu trabalho atendendo o público em boa parte feminino foram adquirir um amplo conhecimento em leitura corporal e junto com alguns livros que abordavam temas da psicanálise e neurolinguística me dei ao luxo de oferecer bons conselhos.

Algumas dessas cliente nas quais me procuravam vinham com o intuito logico da estética no espaço onde eu atendia ,com o passar do tempo pude notar que meus conselhos e dicas de como se portar e o que fazer ou não com seus companheiros às ajudavam drasticamente de maneira positiva relacionamentos que não vinham vem melhoravam ou elas partiam para outra etapa de suas vidas

Um grande aspecto do que fiz e faço foi me ver como uma "Matchmaker" é ajudar as pessoas a transitarem da vida solteira para um relacionamento, e como uma Coach de Relacionamento para pessoas que já estejam em relacionamentos ganhem um melhor entendimento sobre o parceiro para desfrutar de um relacionamento mais satisfatório.

Muitas dessas clientes lamentavam sobre seus relacionamentos, achando que o problema estava com elas algumas se humilhando para conquistar um pouco de atenção

- Ter estrias não é um problema

- Celulite não é problema

- Ter peitos muito grande não é problema

- Ter bunda pequena também não é um problema

- Ser magra demais não é um problema

- Ter pouco peito também não é um problema

- Ter gordurinhas não é um problema

- Ser feliz e se aceitar também não é um problema e não custa nada

---

O mundo pode ser melhor sem padrões sem alusões a perfeição! Se aceite

Você é linda do jeito que é

Agora vou pegar pesado, antes de darmos continuidade e você ter consciência do que é ou não uma infidelidade

Saiba que inst04 instivamente todos nós temos nossos desejos impulsos sexuais cada qual no seu grau de intensidade então não iremos culpar os homens por terem esse instinto mais aguçado pendendo para esse lado, mas a partir de agora você vai começar a imaginar uma nova formula de vê-los

Então vamos adestra-los como um Cão, isso mesmo eu disse que iria começar a pegar pesado

Essas leis que irei passar agora funcionou comigo e como comentei para algumas amigas e clientes que optaram em sair do marasmo melancólico de suas vidas medíocres sendo controladas por seus parceiros e tomaram a rédeas da situação

Aplicação da lei:

1. Seja a líder da situação, imagine que agora você faz parte
   dessa matilha e de alguma forma você precisa conquistar o
   respeito foque nas suas qualidades e procure deixar claro a
   todos e principalmente a seu companheiro ou pretendente
   que você é poderosa da sua forma
2. Ganhe respeito e não exija, impor nunca funcionou
   principalmente com homens
3. Faça seu homem cão merecer o que ele quer e o que precisa
   ,eles são expert em transformar suas mulheres em troféus
   pois bem agora você vai agir como tal mas não um troféu que
   fica na estante empeirando e sim algo valioso como um
   diamante que ele terá que lutar dias após dias para
   conquista-lo
4. Nunca deixe seu homem andar a sua frente nem tão pouco
   afastado de você nas suas costas procure deixa-lo sempre ao
   seu lado mas sempre eu disse SEMPRE de o passo inicial por
   exemplo passe sempre antes dele por portas qualquer local
   em que for sair ou entrar esteja sempre a um leve passo a
   sua frente com o tempo ele estará abrindo a porta do carro
   para você entrar
5. Jamais grite ou crie agressões com tapinhas ,uma cena
   fabulosa em que os homens admiram está no filme Poderoso
   Chefão você precisa ser exatamente isso na versão feminina
   a poderosa chefona sem em total equilíbrio sensata uma
   conversa mansa mas ao mesmo tempo penetrante que cause
   respeito , eu disse respeito e não medo ,faça com que sua
   voz se torne seu amuleto
6. Discutir e preciso, brigar e insultar nunca, jamais deixe uma
   discussão para o dia seguinte nem tão pouco recue deixe-o
   espernear e expor seus argumentos e como uma mãe com

toda clama do mundo espere ele se acalmar e volte a
mostrar sua opinião sobre o assunto

7. Elogie-o mas jamais o vanglorie-o em exagero ,se ele
conseguiu uma promoção em seu emprego novo de o s
parabéns mas deixe claro de que ele não fez mais que sua
obrigação ,não deve criar um pedestal para o homem pois
ele eira se sentir um Deus grego e com o tempo irá começar
a jogar na sua cara e o pior deixara de notar suas qualidade

8. A não ser que vocês estejam vivenciando um fetiche na cama
e prazerosamente feliz não crie confrontos físicos
principalmente brincadeiras em público, morda-o brincado,
mas o empesa que faça o mesmo que você goste crie alguns
limites imaginários para que eles tenham noção
inocentemente que você está no comando

9. Elogie-o aos seus bajulo e submissão não importa se ele lhe
trouxe uma caixa de bombom da Europa ou se pegou um
copo d'agua na cozinha encoraje-o aos pequenos e grandes
gestos

10. Nunca reprima seu homem e sim a atitude isso é assim que,
ele fez algo que você não goste, dei-lhe carinho e toda
demonstração de amor como ase ele não tivesse errado,
mostre suas falhas e o quanto isso a incomoda dessa forma
ele não relacionara as punições com você

11. Aprenda a ignora-lo como forma de punição isso fará com
que ele valorize mais sua presença, aplique isso nos
comportamentos indesejáveis tanto junto a você como em
uma roda de amigos, uma leve esnobada sem sair do salto,
irá crias aquela mesma sensação que quando criança ele
ouvira da mãe, "lá em casa a gente conversa"

12. Amor incondicional são significa que deva mima-lo, logico todos nós agimos por amor, respeito e interesse(troca) a troca deve sempre valer a pena para ele caso seu interesse pela troca diminua cabe a você incrementar novas opções valiosas que o fascine

13. Não importa que ache em estar subornando ou que talvez pense que ele está te seguindo movido simplesmente com um interesse   o fato é que esse ancoramento é preciso para as próximas etapas funcionarem

14. De atenção nas situações positivas e ignore-o quando ele agir errado, provoque-o estimule-o a prestar mais atenção em você com carinhos e recompense-o de alguma maneira, simplesmente por ele ficar observando você, isso fará ele andar ao seu lado sem vontade olhar para o lado procure agir imprevisivelmente como se fosse engana-lo

15. Jamais brigue na presença dos outros, você corre o risco de ser imitada

O QUE É INFIDELIDADE? COMO VOCÊ DETERMINA O QUE UMA INFIDELIDADE REALMENTE É PARA VOCÊ?

Todas as infidelidades se resumem aos seus valores e à sua percepção de infidelidade. O que algumas pessoas podem considerar um ato de ser infiel, outras pessoas podem pensar de forma diferente. Eu queria analisar o tópico ainda mais esta semana, então criei e lancei um Inquérito Nacional que consistia em questões relacionadas à infidelidade e outros problemas de encontros modernos.

Nove a cada dez pessoas acreditam que fazer sexo com alguém que não seja seu parceiro é considerado infiel. Eu sei o que você está pensando - 1 delas não acham isso uma infidelidade! Le levarmos essa proporção a cem teremos 10 pessoas por favor, lembre-se: não há respostas certas ou erradas, tudo é baseado em suas percepções e valores.

Outras questões levantadas na pesquisa sobre infidelidade incluem "Está assistindo pornografia sem seu parceiro uma infidelidade?" Ou "Estar em um site de namoro que seu parceiro não conhece, classificado como uma infidelidade?" As estatísticas que descobri até agora em resposta a estas perguntas, certamente foi fascinante!

INFIDELIDADES NEM SEMPRE SE APLICAM A PARTE EM UM RELACIONAMENTO - PENSAMENTO DOS OUTROS QUE PODEM NÃO SER APREENDIDOS E ENVOLVIDOS

No ano passado, participei de um experimento do "Tinder" e vi um dos maridos de meus amigos no aplicativo. Embora eu não julgue os relacionamentos de outras pessoas como o que eles querem fazer em seu relacionamento não é da minha conta. No entanto, se minha amiga descobrisse, ela pensaria que estou sendo infiel a ela por não a deixar saber?

Infidelidades não acontecem apenas em relacionamentos íntimos, elas acontecem fora delas também. Irmãos, irmãs, pais, amigos, colegas - todos nós podemos ter a percepção de que alguém fez algo errado por nós, porque eles não fizeram o que nós fizemos, o que é devido a valores diferentes.

E se meu amigo descobrisse que eu soubesse?

Este fato me fez perceber que não é apenas sobre as duas pessoas no relacionamento se também envolve outros usuários do aplicativo que querem conhecer alguém e potencialmente se envolver com uma pessoa que está em um relacionamento ou casada e não tendo nenhuma ideia sobre isso!

Isso, como resultado, pode realmente prejudicar todas as pessoas envolvidas. Quais são seus pensamentos sobre esta situação? Isso é uma infidelidade para você? Que tal ter uma lap. dance ou massagem erótica com um clímax no final?

Você classificaria isso como infidelidade?

Ter uma conexão emocional com alguém e discutir questões fora do relacionamento com outra pessoa *(que não é um profissional)* - isso é uma infidelidade à santidade de um relacionamento? Cada pessoa é diferente e quando injetar nossos valores para outra pessoa, não pedindo-lhes para fazer alguma coisa, porque *nós* achamos que é errado é a nossa percepção da situação.

Eles são muito, seus próprios direitos e o compromisso que você tem consigo mesmo, mas é o único compromisso que você realmente pode pedir porque ninguém vai se comprometer com ninguém a menos que eles estejam servindo seus valores ou eles tenham exatamente os mesmos valores. o que é muito improvável.

CONSIDERE AS PERCEPÇÕES E VALORES DOS OUTROS - ESPECIALMENTE SEUS PARCEIROS!

Quando você conhece alguém novo, pode estar fazendo sexo três vezes por dia, sete dias por semana.

Seus hormônios enlouquecem! A testosterona e o estrogênio aumentam a adrenalina, a oxitocina liberada por ambos os sexos durante o orgasmo.

A teoria diz que esta é uma das principais razões pelas quais você se sente mais perto depois do sexo, pois os casais que têm mais sexo, mais profundo se torna o vínculo - o cérebro libera dopamina *(a sensação boa na química)* para que você se apaixone com essa pessoa e estão fazendo amor o máximo possível, mas depois de um tempo, ela desacelera e o relacionamento se move para um ponto diferente.

Para algumas pessoas, o sexo ainda é 10 entre 10 em importância para um relacionamento, enquanto que para outras pessoas, há prioridades mais altas. Então, se alguém que tem 10 entre 10 necessidade de sexo tiver um parceiro que tenha 2 entre 10 necessidade de sexo, tornar-se-á evidente que o indivíduo com as necessidades de impulsos sexuais mais elevados não está sendo atendido, por isso é mais provável que eles encontrem outras formas de se expressarem sexualmente. Isso não significa necessariamente que eles estejam dormindo com outra pessoa, mas eles encontrarão outra maneira de aliviar a supressão.

Lembro-me de um professor muito sábio e um Behaviorista Humano dizendo em um seminário:

"qualquer coisa que você não está preparado
para fazer, você delega".

Eu não quero lavar meu carro, então eu delego outra pessoa para fazer isso por mim. Em um relacionamento, se seu parceiro quer expressar suas necessidades sexuais, mas você não quer, você tem que entender que seus valores são diferentes. Eles encontram alívio ao assistir pornografia, então quem somos nós para dizer "não, você não tem permissão". Apenas pense fora dos seus valores - e lembre-se, todos nós vemos as coisas de forma diferente e as suas vão ser muito diferentes.

Aos 30 anos namoro em crise

Por que 30 anos é a década mais importante até hoje? Entenda esta década errado e o "FoMO" poderá atormentá-lo pela próxima década e voltar-se para a realidade de perder.

Se você ainda não se familiarizou com a palavra indico um filme chamado **Her (Ela)** Um filme ousado, vencedor do Oscar de melhor roteiro, aborda um amor incomum, o amor de um escritório solitário pelo seu novo e moderno sistema operacional do computador. Um filme que nos faz refletir sobre as diferentes formas de amor que o ser humano pode desenvolver.

Como a própria crítica do filme diz, é um envolvente e maravilhoso olhar sobre o desejo de conexão. Uma leitura diferente sobre o amor, companheirismo e necessidades humanas de afeto e carinho

PERFIL TIPO 1: ROMANCE ADOLESCENTE

Saindo de sua adolescência em seus 20 anos com a vida pela frente e o mundo a seus pés. Nossos 20 anos definiram o ritmo de nossa realidade nos anos 30. Como eram os seus 20 anos?

Você estava em um relacionamento estável de longo prazo, ansioso para crescer e brincar de casinha?

Apaixone-se e decida morar juntos muito cedo?

As coisas estão ótimas, mesmo quando você luta, você não se torna um fantasma quando você mora junto, mas quando você se aproxima do relacionamento de longo prazo, você fica em dúvida.

E assim, com muita reflexão, você decide passar algum tempo sozinha e se concentrar em si mesma para encontrar o que te faz verdadeiramente feliz e conhecer alguém que te **tira do chão** - parece um bom plano.

TIPO DE PERFIL 2:

ESTUDO E CARREIRA EM PRIMEIRO LUGAR, O AMOR VAI ACONTECER QUANDO EU ATINGIR MEUS OBJETIVOS.

Outro fator importante na vida é escolher o tipo de vida que você imagina para si mesmo. Com uma carreira planejada, você estuda na universidade, estuda muito, trabalha para se sustentar e não há tempo suficiente para namorar na bolha da universidade.

Sair de seu foco agora está em conseguir o emprego dos seus sonhos e, quando você progride na carreira, seus esforços vão para o trabalho e a economia, acertando os aplicativos de namoro de vez em quando com mais deslizes inoportunos e encontros indesejáveis do que namorando alguns há curtos prazos. relacionamentos que parecem nunca ir a lugar nenhum!

TIPO DE PERFIL 3: NAMORO EM SEUS 30 ANOS.

É tudo sobre diversão e fazer o que você quer, você trabalha, data, festa com amigos, viajar, morar longe de casa sem pressa para se estabelecer e viver o momento. Você tem uma boa rede de amigos e uma vida social para invejar. Não é como se você não quisesse um namorado ou uma namorada, você não tem a intenção de se contentar com qualquer um.

A PRÓXIMA FASE

Então, o que acontece com os nossos protótipos de encontros quando chegam aos 30?

Para a maior parte das mulheres que estão dos 30 anos, a tendência definida dos anos 20 continuam, *(sim muitas sente medo de saber que está chegando ou até mesmo evitam comentar estar já nos seus 30 anos)*

Embora as duras realidades começam a jogar na cara por mais que evite quando seus amigos e amigas todos começarem a cair como moscas, notando que todo aquele vigor que tinham já não é a mesma o seu calendário social diminuiu e você está cansada de ser o 3ª roda o estepe da galera a vela ou como pretende qualificar . As noites de festa com as amigas se transformaram em uma enxurrada interminável de convites de casamento, chás de bebê, noivados e festas de aniversário infantis do seus amigos e amigas. A maior parte do seu entretenimento é gasto principalmente na compra de presentes, porém não mais se sentindo tão confortável mesmo sabendo que você pertencendo tanto a esse universo que cresceu ou cultivou sua juventude, tanto quanto você ama seus amigos e irmãos. Vai sentir uma imensa necessidade se afastar

Cultivar novas amizades mais jovens talvez ou aceitar a dura realidade e se ver como "Titia"

Então, que escolha você tem além de ser incrível e acreditar que o amor virá em sua direção?

Você continua no caminho da carreira, viaja mais e sai mais, trabalha em si mesmo através do desenvolvimento pessoal e mantém a forma.

Você é um ótimo partido, certo? Todo mundo lhe diz

- Ninguém pode acreditar que você é solteira e o conselho agora começa a partir dos amigos, pais, colegas de trabalho, vizinhos e a pergunta comum é

por que, porque, por que você ainda está solteira? A maioria das "singles" na faixa dos 30 anos estão bem com o status único até passarem 35, o que se torna um modificador do jogo.

Para as mulheres que sabem que querem filhos, elas entram em um modo sério - não há tempo a perder namorando pessoas que não querem as mesmas coisas na vida.

Tendo descoberto a cena do bar não é mais um campo de caça viável, seus amigos sendo todos amados e não ter a oportunidade de conhecer pessoas através do trabalho como você já conhece todos, sua piscina uma vez namoro se tornou uma poça de namoro.

 Por mais que você não goste de namorar por apps, você começa uma relação de amor / ódio com encontros on-line e está preparado para parar em nada; para encontrar o seu par, horrorizado com a ideia de ser deixada na prateleira.

 Sua vida amorosa se torna uma prioridade e o jogo dos números começa.

 Em algum lugar ao longo da jornada você perde a arte da conexão e suas datas começam a soar mais como entrevistas, você está quase convencida de que não há apenas solteiros genuínos que estejam procurando por relacionamentos comprometidos.

alguéns casados surgem para quererem se aproveitar de aventuras casuais de uma noite e nada mais

Não há dúvidas de que trabalhar em sua carreira, saúde e objetivos de relacionamento são igualmente importantes, porém o desejo de ter filhos e uma família é o único aspecto limitado a um certo período de tempo em que sua carreira, saúde e finanças são vida continua.

- Mudando e evoluindo metas. Ser claro sobre seus objetivos de relacionamento durante a década de seus 30 anos não deve ser ignorado.

FAZER E NÃO FAZER DE NAMORO NA CASA DOS 30 ANOS

NÃO FAÇA

- Não fique sentada esperando que o amor te encontre. Obter um plano fora da caixa de namoro on-line.
- Não minta para si mesma sobre o que você realmente quer.
- Não subestime a rapidez com que seus 30 anos passam por você.

- Não espere até o final dos 30 anos para cair "na real" sobre o seu desejo de ter filhos, não há problema em admitir isso.

FAÇA

- Realize-se sobre suas expectativas.
- Tenha intenções em torno de seus objetivos em um relacionamento.
- Trate suas experiências de namoro sobre o que você pode dar a uma pessoa em vez de tentar descobrir o que ela pode lhe dar.
- Perca sua lista e dê às pessoas uma chance - livre-se das falsas fantasias de como você acha que um relacionamento deveria ser.
- Pare de comparar o que os outros têm à sua vida.
- Contrate um estrategista de namoro para trabalhar em um plano para você.

Seja confiante

<u>Autoconfiança</u> ... é uma palavra que eu gosto. Você gostaria de deixar todos os homens de joelhos?

Comece o trabalho de sedução em si mesma. Se você não tem confiança em si mesma, pode continuar desperdiçando todas as suas noites assistindo *Ugly Betty* e *Desperate Housewives* em seu pijama do *Bob Esponja,* que você comprou no mercado livre ... Pelo amor de Deus, não se subestime...

SEMPRE! Todas as mulheres são bonitas e TODAS as mulheres têm seus encantos e qualidades. Se você é menos bonita do que outras mulheres, certamente você tem uma qualidade muito boa que os outros não possuem. Se você tem problemas, esqueça-os! Ninguém é perfeito e todo mundo tem suas próprias falhas!

Hoje em dia, e desde tempos imemoriais, a beleza sempre foi considerada algo comum, que todo mundo tem, mas hoje uma mulher com boas qualidades se tornou algo **raro** e excepcional! Uma mulher com qualidades graciosas e nobres é, precisamente, uma mulher ...

Então pare de fazer dramas e comédias sobre si mesmos, senhoras ... coloque sua mão direita em seu coração e repita depois de mim:

Seja uma mulher "rara"

Tudo o que é raro é caro: quanto mais somos vistos, mais ouvimos falar, quanto mais fazemos, mais comuns nos parecemos. Se você faz parte de um grupo, fique longe por um tempo e as pessoas vão falar mais sobre você, elas vão até te admirar mais. Pratique a ausência: a **escassez** *aumentará seu valor*

Segurar a porta do carro não quer dizer que você é uma mulher frágil e inferior ao homem, demostra mais que isso certifica que ele está disposto a cuidar e te proteger você

Um bom truque para demostrar confiança e ver se seu desempenho está fluido bem como condutora, quando estiver prestes a atravessar uma avenida largue da mão dele e logo em seguida quando forem cruzar a via coloque sua mão em seu ombro

Ele irá pensar que está no comando, mas no seu inconsciente estará se sentindo protegido ao seu lado pois nesse momento você também estará lhe guiando esse conforto que você irá passar a ele de forma subliminar ficará gravado em sua memória com algo bom

Mediocridade

O que é ser medíocre, é ser mediano se contentar com o médio aceitar ser menos do que você merece sem acreditar nos seus sonhos quando você não dá o seu melhor, não se pegue medíocre, sinta-se melhor todos os dias

Você pode mudar seu cabelo, sua roupa, casa, trocar de cidade, mas se você não mudar o que está dentro de você não adianta em anda

A mudança verdadeira está no seu interior e não no seu exterior

Se você quer algo na sua vida, se você quer mudar.se quer conseguir algo se tem alguma meta a alcançar mudar seu comportamento, superar maus hábitos,

Não vou negar é desafiador, é difícil, boa parte das pessoas passam a vida sem descobrir seus talentos a maioria nunca desenvolve seus talentos por medo

 A única coisa que lhe fara feliz de verdade esse ano minha cara amiga, é arriscar, elevar o nível e saber do que você capaz e sentir esse incrível poder de seguir insistindo daquilo que estiver lhe segurando

E chegar do outro lado do seu outro "eu" verdadeiro
Esse é o jogo, quando você pisa nos seus medos
E continua avançando, algo acontece para você
E passa muito tempo tentando convencer os outros
Tentando conseguir aprovação, o que vai acontecer é que você vai perder a calma

E os outros lhe conversarão de que o que você está
fazendo não tem valor e você vai desistir dos seus sonhos

Quanto tempo você tem?

Quando você vai acordar e pensar nisso?

A maioria de nós não usamos as coisas que o universo nos
deu
Então pare de desperdiçar seu precioso tempo, se quer
algo tem de ser implacável
Você tem que aprender a ter sucesso a ser criativa!
O poder de resistir apesar das circunstâncias,

A energia para aguentar, esta é uma qualidade das
mulheres vencedoras e poderosas
A fome a habilidade de aguentar derrotas uma após outra

Sem desistir!

Essas são qualidade das mulheres vencedoras

O que faz esse poder? Não sei dizer; tudo o que sei é que
ele existe dentro de você disponível, somente quando uma

mulher está nesse estado, quando ela sabe exatamente o que quer, e está completamente determinada que não vai desistir até que **consiga**,

Existe grandeza em você

E você tem que aprender a controlar as críticas de fora

E as críticas de dentro,

Persiga sua vontade
E não se permita que nada a detenha

Eu mereço isso! diga

A maioria das pessoas se rendem muito fácil
O espirito humano é poderosíssimo, não existe nada tão poderoso

É difícil mata-lo. Nada apode parar você
Viva sua vida com paixão com determinação
Muitos de nós anda pela vida com limites, se segurando

Decida agora que vai cobrar-se tem que focar em você

Até que se convença e veja cada dia, cada dia, e dia após
dia começara a ver uma diferença nas coisas que faz

Cercando a capacidade de desenvolver seus trabalhos
Para alcançar certos objetivos, dizendo a si mesma todos os dias

Aqui vou eu, eu tenho o que é preciso

Este é meu dia e nada vai me deter

CADA DIA É UMA OPORTUNIDADE PARA ENCONTRAR ALGUÉM - VOCÊ PRECISA SAIR DA SUA BOLHA

Para aqueles que passaram outro final de semana sozinhas, tentando conhecer alguém, ou simplesmente pensando em como seria bom conhecer alguém, aqui está o seu lembrete de que todo dia é outra oportunidade para isso. Você realmente tem a oportunidade de conhecer alguém todos os dias!

Você só precisa sair da bolha em que vive! A menos que passemos nossos dias em casa, nos cruzamos com tantas pessoas todos os dias, mas perdemos tantas oportunidades de conhecer alguém.

Você pode começar logo pela manhã! - Quando você vai comprar seu café da manhã, que tal interagir com alguém e se acostumar a falar com estranhos! Eu sei que conversar com um estranho pode ser uma coisa complicada, especialmente porque somos ensinados desde a mais tenra idade a não falar com estranhos!

- Obrigado mãe! Mas falar com estranhos pode ser realmente simples, dando um elogio. Quer seja sobre o que eles estão vestindo, ou o seu lindo sorriso - apenas experimentá-lo sorria mais sorrir faz bem à saúde e a alma.

ISSO TAMBÉM NÃO É SÓ NO FIM DE SEMANA ... QUARTA É O NOVO SÁBADO!

Então, junte suas amigas e saia em uma noite de quarta-feira, vá a algum lugar aleatório onde você nunca esteve antes, e vá sozinha se estiver se sentindo confiante o suficiente!

Dê uma olhada, sorria e interaja com o maior número de pessoas possível, você nunca sabe o que pode acontecer.

Eu estava em um café recentemente esperando meu café, e tentando ler uma mensagem no meu celular, mas eu não tinha meus óculos, então eu não pude ver nada bem

- O que uma garota faria?!

Eu sei, pergunte ao cara ao meu lado para me ajudar a ler! Eu fiz, ele leu a mensagem para mim *(sorte que não era um embaraçoso)*, pegou seu café e saiu.

Ou então eu pensei ...

Para minha surpresa, ele estava esperando na frente do café por mim e pediu meu número de telefone. E tudo porque fiz o esforço para **interagir** com ele

- Veem? Realmente funciona!

SEJA CONFIANTE! PENSE EM COMO VOCÊ SE PARECE! SEJA AMIGÁVEL! ESTÁ ABERTO! SEJA ENVOLVENTE!

Você pode fazer isso quando está no seu elevador também, em casa ou no escritório - Diga bom dia a todos que estão lá! Por que não? Sejam ou não parceiros dos seus sonhos, as pessoas se lembrarão de você simplesmente pelo seu gesto de bom-dia e farão com que elas se sintam bem consigo mesmas, assim como consigo mesmas.

E lembre-se.... SORRISO! Porque ninguém vai se apaixonar por sua carranca, por isso é importante sorrir o máximo que puder! Não só o sorriso fará você se sentir melhor, mas a reação das pessoas a você também será melhor. Na verdade, a probabilidade de você receber um sorriso em troca é realmente alta, porque, como um todo, tendemos a copiar as expressões faciais dos outros, quer percebamos ou não.

Um artigo da Psychology Today diz que *"há muitas evidências de espelhamento da linguagem corporal. Nós copiamos automaticamente as expressões faciais dos outros. Nós retribuímos e em grupos sociais pode ser contagiante. As pessoas respondem e avaliam aqueles que sorriem de forma diferente e mais positiva do que aqueles que não o fazem"*.

ENTÃO, LEMBRE-SE DE SORRIR, QUAL É O PIOR QUE PODERIA ACONTECER?!

Recentemente perguntei a uma de minhas clientes como ela é quando vai ao supermercado. Ela respondeu com o que é o costume para muitos.

— Minhas botas "Ugg", sem maquiagem, cabelo amarrado em um coque, meus óculos etc.'.

Quando você vai ao supermercado desse jeito, é improvável que você se sinta muito confiante, e quando você não está se sentindo muito confiante, então é menos provável que você sorria, então, realmente, **a confiança** é a chave!

Então, com isso, sugeri que ela tentasse se vestir um pouco da próxima vez que fosse ao supermercado ou, pelo menos, se esforçasse em sua aparência.

 Da próxima vez que minha cliente foi ao supermercado, ela secou o cabelo, colocou maquiagem e vestiu uma boa roupa.

Baixo e eis que… um cara bonito do supermercado bateu no vidro da porta do carro quando ela estava saindo, e convidou-a para sair em um encontro!

Da próxima vez que você sair de casa, pense nessas cinco coisas antes de sair pela porta:

1. Como é meu rosto?
2. Eu me apresento bem?
3. Posso ser o meu eu mais confiante do jeito que estou vestido?
4. E se eu conhecer alguém?
5. Eu estou sorrindo?

Porque, você nunca sabe quem você pode conhecer na próxima vez que sair de casa!

Então, lembre-se, saia da sua bolha, pense em como você está antes de sair de casa, seja confiante e sorria, porque todo dia é outra oportunidade de conhecer alguém, e você realmente pode fazer acontecer todos os dias!

ENCONTROS PAQUERAS NAMOROS & LINGUAGEM CORPORAL: QUAIS SÃO OS SINAIS?

Quando você está em um encontro, você já se perguntou se a pessoa com quem você gosta realmente gosta de você?

A conversa está fluindo e a data está indo bem, mas como você sabe se alguém está realmente com você?

Nós todos sabemos o básico da linguagem corporal. Tal como, cruzar os braços em uma conversa não é bacana - Mas e se estamos simplesmente sentindo frio?!

Você tem a capacidade de descobrir se alguém está na sua, simplesmente conhecendo alguns sinais de linguagem corporal reveladores.

ELA ESTÁ AFIM DE VOCÊ?

- Se uma mulher coloca seus pertences entre vocês dois, você pode tomar isso como um sinal de que ela não está realmente dentro de você. Ou ela simplesmente não está pronta para tocá-la ainda!
- Quando uma mulher está LIGADA em você, ela regularmente cruza e descruza as pernas. Ela estará tentando se certificar de que você observe e

olhe para as pernas também - este é um dos reflexos naturais do nosso corpo.

- Quando você está envolvida em uma conversa com uma mulher que está ligada em você, seus pés vão realmente mexer um pouco enquanto ela está rindo - Além disso, um reflexo natural.
- Uma mulher que está ligada em você também vai tocar seu rosto, pescoço e desviar o olhar para trás para pegar seu olho. Ela também vai olhar para você enquanto ela está tocando seu pescoço, ou em qualquer lugar ao redor dessa área.

ELE ESTÁ AFIM DE VOCÊ?

- Se um homem está ligado em você, ele vai ter mais de uma **muleta exposta** *(por mais estranho que isso possa parecer)*. Isto é porque ele está mais aberto para você - Suas pernas também estarão mais expostas e ele estará mais sentado em sua direção.
- Quando um homem está na companhia de uma mulher em quem ele está interessado, seus olhos se agitarão e ele também piscará com mais frequência.
- Um homem automaticamente vai querer tocar em você quando ele está afim de você, então ele vai procurar por qualquer maneira de fazê-lo - Ele pode tirar o cabelo dos seus olhos ou pegar um pouco de sua roupa.

- Você pode não perceber isso, mas quando você se levantar do seu assento, um homem irá verificar você, de cima, para baixo e ao redor! Então, ele vai te observar enquanto você está indo embora ...
- Um homem também vai querer sentar-se em uma posição em que ele tenha você mais para si e para longe dos outros *(quando possível)*, enquanto é cavalheiresco e oferece a você o assento mais confortável disponível.
- Se um homem está realmente ligado em você, o contato visual também será *muito* regular - sem olhar para longe aqui!

ELES ESTÃO AFIM DE VOCÊ? Uihh

- Para ambos os sexos, as pupilas se dilatam quando olham nos olhos.
- Mesmo algo tão simples como o local em que seu admirador coloca seu copo de bebida é outro sinal. Se a seu admirador coloca o copo ao lado do seu - Isso é chamado de **espelhamento**. *'O que isto significa?'* você pode estar se perguntando. Bem, quer o seu encontro perceba ou não, isso significa que eles estão se **conectando com você**.
- O toque também é um sinal importante e poderoso nisso! Se o seu admirador tocar você, mesmo de maneira sutil, como tocar levemente o braço ou passar por você enquanto se afastam da mesa ou

do bar, eles estão definitivamente interessados em você e estão tentando lhe mostrar isso.

Então você vê, os sinais são apenas pequenas coisas e eles são mais fáceis de serem notados por mais perspicaz que possa parecer ou do que você imagina.

 Melhor ainda, uma vez que você esteja ciente dos sinais a serem observados, você começará a entender se alguém está dentro da sua ou melhor está conectado em você, para lhe dar uma indicação melhor sobre se deve ou não os chamar novamente.

Lembre-se não importa o que você sabe e sim o que você faz de nada adiantar saber muito e não pôr em prática

---

Homens precisam de elogios também!

Nas minhas duas últimas décadas trabalhando com beleza em salões de beleza e estética tive a oportunidade em conhecer e compreender diversos casos inusitados de casais e formas de relacionamentos complexos.

Uma das vantagens em ser uma boa ouvinte e saber usar a neurolinguística, falei com homens e mulheres solteiros diariamente; e posso afirmar que absorvi bons conceitos funcional que muitas pessoas deixam passar como Matchmaker ou conselheira amorosa profissional sei bem como estudar um relacionamento e saber analisar seus problemas

---

Relacionamento é algo muito complexo cada um é um universo todo particular prestes a ser desvendados

---

Ao fazer isso, pude passar tempo de qualidade descobrindo o que os homens e as mulheres gostam e não gostam, o que os transforma e o que não os transforma, o que eles acham atraente em uma parceira em potencial e o que eles não fazem. em. - Eu descubro muito!

A minha missão quando resolvi escrever esse livro é ajudar a tentar colmatar o fosso entre homens e mulheres e ajudar as mulheres a compreender melhor os homens, para que nós, como mulheres, possamos estar melhor equipados para ter uma relação mais bem-sucedida.

Isso me leva ao tópico de discussão - **Elogios!**

Elogios são algo que, como mulheres, quase chegamos a esperar como parte da vida cotidiana. A maioria das mulheres dá e recebe elogios diariamente e é regularmente elogiada por homens e mulheres. Seja um elogio ao que estamos usando, o cheiro do nosso perfume, nossos acessórios, uma habilidade ou algo que fizemos bem naquele dia, estamos acostumadas a recebê-los regularmente.

Dr Laura Berma diz

Então, não estamos realmente dando elogios aos homens, mas devemos!

Não importa se é para um homem em seu primeiro encontro, ou seu parceiro de dez anos, começar a distribuir os elogios aos homens, quando e onde você puder!

Os homens têm inseguranças para você saber (eles são humanos também, afinal de contas), o que significa que eles também precisam de validação, e como sua data ou seu parceiro, nós devemos ser aqueles que estão dando a eles na forma de elogios.

Alguns podem até dizer que em um relacionamento, o homem precisa de elogios ainda mais do que a mulher, porque eles não os estão recebendo de outra pessoa.

Seus elogios nem sempre têm que ser verbais. Que tal deixar notas fofas ao redor da casa para ele encontrar? - Não só isso é pensativo, mas também é muito romântico.

É importante garantir que seus elogios sejam genuínos, sinceros e frequentes, mas sem ser muito grudentos ou exagerados. Não distribua elogios puramente na esperança de obter alguma coisa - dê a eles porque você realmente quer dizer, e porque você realmente se importa.

10 grandes ideias de elogio para você usar:

1. Eu admiro muito você
2. Estar envolvida em seus braços sempre me faz sentir tão segura
3. Quando estou perto de você me sinto segura e protegida
4. Você tem um jeito de me fazer rir
5. Adoro seu senso de humor
6. Eu posso ver porque você é tão respeitado no trabalho
7. A maneira como você lida com um problema é realmente almirante
8. Eu realmente valorizo a sua opinião
9. Eu poderia me perder em seus olhos
10. Você é tão bom em consertar as coisas - obrigada

Complementar o seu homem vai realmente fazer você se sentir bem, e posso garantir que isso só vai melhorar seu relacionamento.

Então, lembre-se de elogiar seu homem, porque os homens realmente precisam de elogios também!

Tente se sentir como uma mulher muito poderosa

É uma lição para ter certeza de que nenhum de nós nasceu como uma "bomba de sex appeal". É apenas uma questão de exercer autoconfiança e ver o potencial para aprender com nossas experiências, para que possamos evoluir na arte da sedução.

A autoconfiança refere-se à segurança no momento, em relação à sua própria dignidade, capacidade e poder, independentemente da situação em que você se encontra. Alguém que é autoconfiante tem um forte senso de convicção e autoconfiança. Ele / ela exala serenidade, tranquilidade e é autoconsciente.

A autoconfiança está frequentemente associada à posse de certos conhecimentos, habilidades ou habilidades, inatas ou adquiridas. Apesar de ser capaz de possuir uma aptidão particular em uma determinada área é um fator importante para ajudar a aumentar a sua autoestima, não é um requisito único para a autoconfiança. Mesmo alguém que tenha poucas habilidades e / ou aptidões em qualquer coisa, ainda pode ser autoconfiante. Eu posso não saber de algo, mas me sinto confiante para aprender. A autoconfiança se assemelha à intencionalidade em face de algo e a uma perspectiva probabilística de ser capaz de encontrar uma maneira de obter sucesso.

Vamos imaginar que você tenha um projeto onde você é responsável por executar e coordenar. Digamos que você não tenha autoconfiança e prevê que não conseguirá corresponder às expectativas. O que você acha que vai acontecer depois? Muito provavelmente, essa falta de autoconfiança irá influenciar os pensamentos e ações que você terá, tanto no nível consciente quanto no subconsciente. Quando você está constantemente pensando em um resultado negativo, isso leva você a concentrar seu foco de atenção fora da zona de processo necessária para alcançar um resultado desejável. Isso acaba levando a uma profecia autorrealizável. Ou seja, quando um resultado indesejável acontece, porque você pensou que isso aconteceria. Acontece exatamente porque você agiu de acordo com o que você esperava que acontecesse (não ser capaz de fazer algo com sucesso).

Por outro lado, se você é uma pessoa autoconfiante, tente se colocar exatamente no mesmo cenário. O que você acha que acontecerá? As possibilidades certamente serão muito mais positivas e favoráveis. Quando você tem uma alta certeza de sucesso iminente, você fará tudo o que for necessário para que isso aconteça. Se você não tem as habilidades, você encontrará uma maneira de adquiri-las. Se você não tem o conhecimento, você vai aprender. Se algo completamente sem precedentes acontecer colocando-o à prova, de alguma forma a sua confiança acionará as partes do seu cérebro que lhe permitirão encontrar uma solução. Ele acionará um conjunto de redes neurais especializadas em encontrar soluções para os problemas. É como uma inclinação mental (tendência) para o sucesso, que depois reforça sua autoestima e autoconfiança, levando a mais sucessos.

Torne-se uma pessoa autoconfiante

Sempre que você vir alguma circunstância em que não se sinta autoconfiante, pergunte-se: por que não estou me sentindo autoconfiante? De onde vem essa incerteza? O que estou associando à minha autoestima?

Quando você se conscientizar do que você associa ao seu valor pessoal, começará a diminuir e destruir a terrível crença limitante de que só pode se sentir digno ou confiante em relação a certos pré-requisitos. Quando você fizer isso, você se encontrará preenchido com um senso de autoestima que sempre estará presente, independentemente do que acontecer. Você perceberá que esse tipo de autoestima será o que o levará aos resultados desejados e permitirá que você seja o que deseja se tornar.

Enquanto pratica a autoconfiança, tente se concentrar em alguns objetivos constantes. Por exemplo, se você seguir o conceito da mulher alfa que descreverei em breve, junto com suas características, verá que não é apenas algo abstrato.

O que faz algumas mulheres mais confiantes e atraentes do que outras? Não tem nada a ver com aparência, é uma questão de atitude! Seja uma mulher alfa!

Alguma vez você já se perguntou o quanto uma "mulher alfa" pode ser sedutora? Provavelmente não, porque você ainda deve estar se perguntando: "O que diabos é uma mulher alfa?"

Bem ... dado que "alfa" é a nomenclatura que usamos para identificar o indivíduo mais importante dentro de um grupo (no reino animal, eles têm a preferência de comer e acasalar), o termo "macho alfa" foi criado para se referir a o homem poderoso e corajoso com uma atitude competitiva, focada e de liderança. Devido a todas essas qualidades, os alfas também são geralmente descritos como seres carismáticos e conquistadores.

"E então o que?" Você me pergunta.

Bem, o termo mulher alfa seria uma derivação para designar mulheres que têm características semelhantes.

Uma mulher alfa tem a cabeça no lugar, é independente e feliz. O tipo que atrai a atenção de todos em um grupo. Trabalhar sua autoestima é essencial para se tornar um alfa, mas no momento da sedução, tudo que você precisa é dominar a linguagem corporal para entregar todas as pistas de que você é uma pessoa que se sente bem e segura em sua própria pele.

Ser uma mulher alfa significa ser inspirador, imponente e tantas outras coisas. As mulheres alfas se comportam de maneira diferente, bem diferente das outras pessoas que não têm esse tipo de personalidade.

O comportamento da mulher alfa expressa seu forte caráter, poder, ambição e propensão ao sucesso e à sobrevivência.

As características alfam são provavelmente geneticamente adquiridas. Começamos a usar o termo alfa primeiro com grupos de animais, como matilhas de lobos. O lobo alfa, macho ou fêmea, é o líder do bando. Se você é uma mulher alfa, pode se orgulhar disso.

Algumas características que uma mulher alfa geralmente tem:

- Ela respeita as regras necessárias e conduz com educação, mas sabe como impor seu pensamento, suas opiniões e seus desejos. Ela luta pelo que acha certo e não aceita desrespeito;
- Ela pode se expressar muito bem, por mais confiante que seja. Precisamente porque ela é muito confiante e confiável, a mulher alfa muitas vezes leva outras pessoas. Seja no trabalho, na família ou em outras situações, sua personalidade forte impõe respeito e liderança;
- Ela também muitas vezes inspira outras pessoas, afinal, ela é sempre muito forte e não se desespera com momentos de adversidade - ao contrário, a mulher alfa é aquela pessoa que acalmará os outros e pensará em alternativas viáveis para resolver o problema;
- A mulher alfa sabe ser realista e racional ao mesmo tempo que sonha alto para continuar crescendo e prosperar na vida. Ela é equilibrada, inteligente e perspicaz. Ela sabe que a única pessoa que precisa competir com ela é ela mesma, precisamente para que seu crescimento seja contínuo;
- Ela é uma boa amiga e uma ótima companheira. Ela ajuda as pessoas que ela ama de todas as formas possíveis e tenta, tanto quanto pode, mostrar o valor que cada uma delas tem para ela e para o mundo;
- Apesar de ajudar os outros e expressar seu amor, a mulher alfa sabe como ser feliz sozinha e não tem medo de não

estar no relacionamento amoroso, por exemplo. Ela entende que os relacionamentos complementam a felicidade, mas eles não podem ser a única razão para o sorriso de alguém;

- A mulher alfa não tem medo de cair, porque sabe que cada queda é um aprendizado para ela se levantar mais forte, mais alerta e mais sábia. Tanto é assim que ela não tem medo de correr riscos;
- A mulher alfa se destaca diante de seus amigos e, por que não o dizer, perante a sociedade. Ela exerce liderança, seja profissional ou em qualquer outro campo da vida. Ela é inspiradora e ganha desafios, respeita e respeita os outros, é tolerante e sensível, racional, não deixa de ser quem ela é para ninguém, aprende com o passado, vive no presente, mas se concentra no futuro.

Mesmo quando você ainda não se sente confiante o suficiente para tomar algumas dessas atitudes, deixe-se levar pelo que pode fazer e permita que seu estado mental evolua à medida que sua confiança aumenta. Para exalar esse magnetismo pessoal e se tornar uma mulher alfa, basta que você tenha certeza do que está fazendo no momento da conquista. Então aposte na combinação abaixo e esteja pronto para o sucesso:

Mantenha sua postura

Mantenha uma boa postura: dessa forma, você mostrará confiança e saúde. Uma postura incorreta passa a imagem de alguém mais velho, inseguro ou doente. Preserve a naturalidade da sua caminhada. A ideia é manter a coluna ereta, os ombros abertos e a barriga encolhida para mostrar uma silhueta mais atraente, mas evite a rigidez do corpo - fugir de parecer uma boneca de cera.

Posicione-se com confiança

Mantenha os pés paralelos, mantendo uma abertura à mesma distância dos ombros. Esta é uma posição confortável, mostra que você se sente seguro e ajuda a manter sua postura. Cruzar muito as pernas e ficar em posições semelhantes são ações associadas a pessoas desconfortáveis ou reticentes, cheias de dúvidas.

Se acalme

A mulher alfa é sensata, calma e cooperativa. Confiante, mas não ao ponto de se tornar muito convencido. Ao lidar com situações mais difíceis, ela permanece legal e realiza ações racionais. Então você nunca se envolve em brigas. Mesmo quando alguém faz isso. Conte até dez, respire fundo e concentre-se em outra coisa para evitar confusão. Exercite esse seu lado que, com o tempo, torna mais fácil controlar os diferentes humores.

Contato visual

Faça contato visual com a pessoa e deixe-o perceber como você está confiante. A troca de olhares durante a conversa também permite que você crie uma conexão com o outro, então sustente seu olhar. Este não é o momento de se sentir envergonhado quando seus olhos se encontram com os de outra pessoa - a fuga do olhar faz você parecer inseguro ou na defensiva.

Quando a ideia é atrair a atenção de um homem em uma festa, flerte com os olhos. Olhe para o seu olhar em alguns momentos (não parecendo obcecado como uma louca, é claro), até que você tenha uma resposta. Quando ele olha para você, mantenha o contato visual por cerca de três segundos, deixando um sorriso de canto e depois volte para o que estava fazendo antes. Faça isso algumas vezes durante a noite e, se você não marcar, apenas siga em frente!

Use o espaço ao seu redor

Ocupe os espaços ao seu redor. Comece colocando sua bolsa na cadeira, pendure sua jaqueta em outro lugar (não em outra cadeira, porque isso pareceria falta de educação, de preferência em um cabide), circule o ambiente, cumprimente e converse com todos. O que está por trás dessas ações é "marcar o seu território", mesmo pela mera ideia de ser notado e mostrar sua presença.

Não reclame

Uma mulher alfa é uma pessoa satisfeita. Ela passa mais tempo desfrutando de suas conquistas e se esforçando para alcançar na vida e o que a fará feliz do que reclamar de suas perdas e fraquezas. A mulher alfa passa a imagem de alguém determinado e bem resolvido com seus problemas, exatamente o tipo de pessoa que puxa os outros para cima!

Rosto feliz

Em todas as oportunidades que você tem, sorria! Mas você sorriso genuíno - não para agradar, porque as pessoas percebem quando você está sendo falso para eles. Para o resto do tempo, mantenha um rosto calmo (sobrancelhas relaxadas, pálpebras e boca), um sorriso leve (aquele ligeiramente arqueado nos cantos da boca) e os olhos atentos sobre a pessoa com quem você fala. Dessa forma, você fará com que ele se sinta bem-vindo, levando-o a admirar sua pessoa e a sentir-se confortável em sua presença.

Ainda não está convencido? Então eu vou jogar meu último cartão e enumerar as qualidades que existem nesse tipo de mulher. Vamos lá: ela é o tipo de pessoa que conhece o seu valor e sabe que o magnetismo vai muito além da boa aparência. Como líder nascida, ela sabe o que quer e esboça planos para chegar lá. Ela vive cercada de pessoas que a respeitam e a admiram, mas ela não tem medo de mostrar seus sentimentos pelos outros também.

Ela reconhece seu próprio valor e não diminui as pessoas. Seu cérebro está livre de qualquer tipo de preconceito e pensamento retrógrado - aquelas mentalidades atrasadas que apenas atraem as pessoas de volta. Sua atitude intriga a maioria dos homens, no entanto, intimida aqueles com quem não vale a pena relatar.

Ser sedutora é ter corpo e linguagem verbal claros e firmes. A proposta é que você permaneça natural em tudo que faz, então se você optar por adotar essas dicas, nunca deixe de ser quem você é. Na prática, busque a lógica por trás desses comportamentos e flexione as "regras" para que você tenha atitudes consistentes com sua natureza.

Desespero está afetando sua vida amorosa?

É fácil se deixar levar quando você sente que conheceu o homem ou a mulher de seus sonhos. Eles estão sempre à frente de sua mente, e você sente que não importa o quanto você os veja, você nunca conseguirá o suficiente.

No entanto, nada é mais desinteressante do que parecer desesperada em sua vida amorosa. Se você está namorando ou gostaria de tentar encontrar seu próximo parceiro através de um aplicativo de encontro, existem certos comportamentos que devem ser evitados a todo custo, a menos que você queira parecer desesperada e pegajosa, e arruinar o potencial de algo a mais. antes mesmo de começar.

MANTER UM EQUILÍBRIO SAUDÁVEL É ESSENCIAL PARA UM RELACIONAMENTO FELIZ

Embora você possa sentir que deseja passar todos os momentos com seu novo interesse amoroso, é vital manter um equilíbrio saudável para que você não desista de seus valores e continue a fazer as coisas que a fazem feliz *(como é boa parte de quem você é que atraiu essa pessoa para perto de si em primeiro lugar)*.

Por exemplo, não seja muito acessível, e se a seu novo amor lhe ligar no último minuto bem em cima da hora para lhe convidar a algo, não há nada de errado em dizer que você está ocupada e gostaria de planejar algo para outra hora com mais antecedência.

A DISTÂNCIA FAZ O CORAÇÃO FICAR MAIS AFETUOSO

É importante manter limites pessoais saudáveis, e não os cruzar por ser muito grudenta.

É uma crença humana fundamental que as coisas que consideramos abundantes requerem menos atenção, enquanto as coisas que consideramos **escassas e valiosas** recebem muita atenção. Esta teoria pode funcionar bem na selva, mas colocar essa quantidade de foco e intensidade em um novo parceiro pode terminar muito mal.

Doadoras desesperadas temem que elas sejam jogadas fora, e acreditam que não há muitos parceiros potenciais por aí, então se elas acabarem perdendo essa pessoa, elas acham que suas vidas, vão acabar! Elas se apegam com muita força, agem possessivamente, fazem muitas perguntas intrusivas e não dão à outra pessoa uma boa quantidade de espaço. Esta é uma mentalidade desequilibrada e pode resultar no oposto do efeito desejado.

UMA NECESSIDADE CONSTANTE DE VALIDAÇÃO PODE ESTAR AFASTANDO SEU PARCEIRO

É importante lembrar que a vida às vezes fica agitada e, embora você possa sentir que foi esquecida, só porque seu parceiro está ocupado com compromissos profissionais e sociais, isso não significa que ela não se importe com você. Ser um adulto vem com responsabilidades que precisam ser cumpridas, e os candidatos desesperados geralmente exigem atualizações constantes de status de relacionamento. Isso é semelhante a uma criança em uma longa viagem que está constantemente perguntando: "Estamos quase lá ainda?" Isso pode funcionar por um tempo, mas geralmente os pedidos constantes de confiança para o desesperado resultam na fuga do parceiro exausto.

SEJA TRANSPARENTE, A COMUNICAÇÃO É UM LONGO CAMINHO

A chave para evitar o desespero e desfrutar de uma parceria saudável e gratificante reside na comunicação. Não importa em que estágio você esteja em seu relacionamento, a comunicação é fundamental e não apenas você se sentirá melhor ao comunicar abertamente seus sentimentos, como também entenderá melhor o que seu parceiro está enfrentando e decidirá se está ocupado o estilo de vida funcionará com o seu a longo prazo.

Namoro Conselho para mulheres com mais de 40 anos

"Existem três tipos de homens que não entendem as mulheres: jovens, velhos e de meia-idade".

Mas todas as piadas a parte você não precisa ser Nostradamus ou um cientista de foguetes para perceber que se você uma mulher solteira em seus 40s e 50s tentando namorar pode ser um pouco difícil. Não há quase tantos homens solteiros quanto mulheres, e muitos desses homens solteiros ainda esperam que essa mulher mais jovem apareça. É isso mesmo, a solteira perfeita de 30 anos que está procurando por um homem de 50 anos que "não parece 50!"

Então, o que você faz se você é uma mulher de 40 ou 50 anos que está procurando por amor? Você não precisa mentir sobre a sua idade, fazer um lifting facial ou morrer sozinho.

Isso é ou não uma ótima notícia? Mesmo! Você tem que lembrar que você está competindo contra um grupo de mulheres que tendem a ser difíceis de namorar, e se você pode se diferenciar dessas mulheres, então você é uma mercadoria exclusiva!

Aqui está um conselho real, escrito por mulheres de verdade em seus 40 anos que conhecem o segredo para conseguir e manter um bom homem.

PARE DE CARREGAR O PASSADO

Por esta altura em nossas vidas as chances são de que você tenha experimentado um ou mais das seguintes situações, sendo abusada verbalmente, abusada emocionalmente, traída, enganada, e a lista continua. Não culpe o cara inocente sentado em frente a você, as chances são de que ele teve seu quinhão de decepções e desapontamentos também. É hora de largar a bagagem e parar de pensar que o próximo cara terá que compensar todos os erros cometidos pelo último cara. A vida não funciona assim.

NÃO FAÇA OS HOMENS SALTAREM PELOS ARES

Você já sabe que um cara legal em seus 40 e 50 anos é uma propriedade quente, certo? Então, por que arriscar perder a oportunidade de conhecê-lo com jogos bobos? Ser indiferente e fazer um cara persegui-la porque você acha que vale a pena a perseguição foi bom quando você está em seus 20 anos, mas os homens tiveram o suficiente, eles querem que as mulheres façam um esforço e não demostrar tão difícil em obter. Não estou sugerindo que você o convide para tomar "café na sua casa" depois do primeiro encontro, mas faça o possível para que ele saiba que você se divertiu e gostou da companhia dele. Não o faça ligar 5 vezes antes de retornar uma de suas ligações.

TENHA CONFIANÇA EM QUEM VOCÊ É O QUE VOCÊ TEM A OFERECER

Os homens são sempre mais atraídos por mulheres que são felizes dentro de si. Até agora você provavelmente já descobriu o que vestir e como usá-lo, quais estilos combinam melhor com você e como fazer o melhor com o que lhe foi dado. Você precisa fazer um esforço, nem todo homem será atraído por todas as mulheres, mas se você for calorosa e amigável e estiver em contato com sua própria feminilidade, o reencontro será um sucesso, mesmo que ele não seja o homem dos seus sonhos.

Lembre-se de quando você está em um encontro, é deixar uma impressão para manter o homem pensando em você, flertar, se divertir e conhecer o homem, mas acima de tudo, lembre-se de que não é uma entrevista de emprego!

"Amor é privilégio de maduros"

Carlos Drummond de Andrade

PARE DE SER TÃO EXIGENTE

Ter sua lista de desejos por todos os meios, mas ser muito exigente não é um emblema de honra para se gabar sobre seu namorado! Lembre-se de considerar a possibilidade e a probabilidade de que você provavelmente criou o visual de como o cara com quem você vai se apaixonar parecia quando você estava em seus 20 anos. Adivinha??

Infelizmente eles não se parecem mais com isso! E nem você, embora tenha tido a sorte de ter tido alguma ajuda cosmética ao longo do caminho. Chega; de

 "Eu não sou atraída por homens que não são pelo menos 6 pés!" Eu não gosto de caras que estão carecas ou que têm um bigode. Deixe aquela velha imagem irrealista que você tem em seu cérebro sobre os atributos físicos e seja aberta! As mulheres maduras são algumas das mulheres mais exigentes e principalmente sobre coisas que realmente não são importantes. Seja mais sábia, mais evoluída não julgue no primeiro encontro e olhe além do físico. Dê uma chance ao cara.

ESQUEÇA A LISTA DE DESEJOS QUE OS HOMENS NÃO SÃO FEITOS POR ENCOMENDA

Tudo lindo aqueles contos da Disney com princesas e príncipes, mas a realidade é outra., *HELLO AQUI É DA TERRA*

É bom saber quem você é e o que está procurando, mas as coisas foram um pouco longe demais. As mulheres na faixa dos 40 e 50 anos são ouvidas continuamente dizendo "não há caras bons". "Todos os melhores estão casados" "todos os homens querem mulheres mais jovens". Isso não poderia estar mais longe da verdade.

A verdade é que os homens estão com um pouco de medo de se colocar lá fora porque estão sendo julgados no carro que dirigem, no subúrbio em que vivem, foram para a universidade, o trabalho que fazem mesmo se ele está em uma renda de 5 ou 6 dígitos. se ele não é um profissional, muitas mulheres nem vão sair em um encontro.

Amor é amor e procurar amor é ter a oportunidade de cruzar caminhos com alguém único, alguém que toca nossos *Corações Titanic*, rica menina da alta sociedade Rose cai no amor eterno com o menino de classe inferior Jack, O condado de Bridges of Madison, felizmente Francesca não julgar Robert Kincaid no carro que ele dirigiu ela simplesmente tinha um coração aberto e se apaixonou.

Tudo o que estou dizendo é que garotas incríveis não são tão escassas quanto você imagina. Elas estão sendo negligenciadas por outras mulheres porque gostam de esportes ou não são #6ft2 (tão altos1,80), ou por causa do que eles fazem para viver, ou porque eles foram casados, ou não foram casados, ou têm filhos, ou não têm as crianças entram na deriva?

Encontrar um grande cara para compartilhar momentos felizes é o que é sobre por que não ser o único a se destacar da multidão e dar um cara que você pode apenas achar que as escolhas são mais doces do que magras.

A Atratividade dos Traços de Personalidade

Os extraterrestres são simplesmente mais atraentes do que os introvertidos? Isso é porque eles parecem mais socialmente confiantes, mais otimistas e mais enérgicos? Ou talvez porque eles possam parecer altos, falantes e egocêntricos, os extrovertidos fortes são menos atraentes do que introvertidos silenciosos e mais pensativos.

Do mesmo modo, encontramos pessoas com afetividade negativa e baixo ajuste menos atraentes porque parecem trabalho tão difícil? E quanto a pessoas conscientes e trabalhadoras e confiáveis?

Além disso, uma "personalidade atraente" pode compensar, ou de alguma forma parece mais importante do que alguém pensava ser fisicamente muito atraente?

Existe um perfil de personalidade que é maximamente atraente ou pouco atraente?

13 perguntas que mudarão sua vida

Dr Demartini estudou o comportamento humano por mais de quatro décadas, e depois de ver milhares de clientes, acredita que toda a nossa felicidade e sucesso se resume a viver uma vida verdadeiramente alinhada com nossos valores.

Todos nós temos valores, mas Dr Demartini diz que o segredo é descobrir o mais alto e verdadeiro da sua lista e usá-los para estruturar sua vida.

Mas certamente já sabemos o que valorizamos?

Bem, não necessariamente "Muitos de nós pensam que sabemos o que é importante para nós, mas isso pode ser nublado, mas as expectativas da sociedade e muitas outras influências", diz Dr Demartini. "Precisamos cavar um pouco mais para trabalhar corretamente e genuinamente."

"Depois que você souber, priorize ações relacionadas a esses valores. Toda vez que vejo pessoas fazendo isso, vejo o quanto mais fácil e feliz a vida delas se torna. É incrível."

Então, quais são essas perguntas?

Você precisa de três respostas (em ordem) para cada uma delas, mesmo que não sejam indicadas. Quando terminar, você verá padrões repetindo e seus valores mais altos se tornarão muito claros.

1. O que você mais preenche seu espaço pessoal ou profissional principal?

O que se orgulha de sua casa ou escritório? O que você sempre mantém em sua posse ou perto de você? Quais são os três itens que se destacam no seu espaço pessoal e profissional?

2. Como você gasta seu tempo principalmente quando está acordado?

Quais são as três coisas em que você gasta mais tempo, em ordem? Você vai arranjar tempo para coisas que são realmente importantes para você e você ficará sem tempo para coisas que não são. O que você faz com mais frequência nas suas 16 a 18 horas de tempo acordado todos os dias?

3. Como você gasta mais sua energia e o que mais a energiza?

O que você acha de energia para a maioria? Você sempre terá energia para coisas que são realmente mais altas em sua lista de valores e ficará sem energia para coisas que não são importantes. Quais são as três ações que mais o energizam ou fazem você se sentir mais vital?

4. Como você gasta seu dinheiro?

Quais são as três coisas consistentes em que você gasta mais dinheiro? Você se sentirá relutante em gastar dinheiro em coisas que você percebe como sem importância. Se algo significa muito para você, você certamente vai descobrir uma maneira de pagar por isso.

5. Onde você está mais organizado e ordenado?

Onde você está mais organizado e organizado e quais são as três coisas nas quais você está mais organizado? Você tem pelo menos algumas áreas de ordem e áreas de desordem em sua vida. As coisas que são importantes para você, você gastará tempo organizando. O que eles são? Não minta para si mesmo!

6. Onde você está mais confiável, disciplinado e focado?

Se algo é importante para você, você será dedicado a fazê-lo. Você não precisa, e não terá, de ser lembrado ou motivado de fora para fazê-lo. Onde você está mais confiável, disciplinado e focado? Seja honesto!

7. Em que você mais pensa internamente?

Quais são as três coisas que dominam seus pensamentos? Você pode estar momentaneamente distraído por incidentes diários, mas sua mente sempre retornará às coisas que significam algo para você - o que for mais alto em sua lista de valores.

8. O que você visualiza e depois percebe?

O que você mais visualiza sobre como amaria sua vida, que está gradualmente se tornando realidade? Quais são as três coisas que você imagina ou sonha que estão começando a se tornar realidade? O que você imagina consistentemente estará em alinhamento com o que é mais importante para você.

9. O que você dialoga internamente consigo mesmo sobre a maioria?

O que você dialoga internamente consigo mesmo sobre o que é mais significativo e que está gradualmente se tornando realidade? Quais são as três coisas com as quais você fala mais sobre o que está se manifestando? Você dialoga internamente sobre o que é mais importante para você.

10. Do que você fala mais para os outros em ambientes sociais?

Quais são as três coisas que você conversa com os outros sobre a maioria? As coisas que você continua querendo trazer para as conversas do seu ou de outro, que ninguém tem que lembrar você de falar? Você se torna um extrovertido falando sobre o que é mais importante para você e quando alguém fala sobre isso, você fica vivo.

11. O que mais te inspira?

O que é comum a esses indivíduos, insights, experiências ou eventos que mais o inspiraram? Sempre que você ou qualquer outra pessoa conquistar um desafio importante em sua vida, pode se tornar uma experiência inspiradora. Você geralmente é inspirado com mais frequência na área da sua vida que mais significa para você.

12. Quais são os seus objetivos de longo prazo mais consistentes que estão se tornando realidade?

Você está mais disposto a se esforçar e agir persistentemente em direção a objetivos que tenham mais significado para você. Então, quais são as três metas de longo prazo mais consistentes - as quais você trabalhou persistentemente - que resistiram ao teste do tempo e estão gradualmente trazendo à realidade?

13. O que você adora aprender, ler, estudar ou ouvir mais?

Quais tópicos de estudo mais inspiram você? Quando você entra em uma livraria, para qual seção você vai direto? Qual tópico de revistas você assina? Para qual seção dos jornais você se dirige primeiro?

Há programas de TV não-ficção ou documentários de filmes que você procura? Em quais tópicos você se encontra pensando ou fazendo perguntas sobre a maioria?

Essas perguntas irão lhe fazer auto avaliar.

Seja a pessoa que você deseja encontrar

Procurando por alguém especial? Desejando que você pudesse mudar a pessoa com quem está? Você pode precisar começar dando uma boa olhada no espelho.

Muitos livros sobre relacionamentos lhe dirão como encontrar e manter a pessoa certa, como desenvolver suas habilidades de comunicação - até mesmo como se "marcar" apropriadamente com o conjunto certo de atributos para atrair um parceiro. Embora esses recursos ofereçam muitos conselhos úteis, eles tendem a negligenciar um fato importante: a busca por um parceiro ideal invariavelmente começa com um longo olhar para dentro.

Você pode praticar técnicas de comunicação, fazer listas intermináveis das características que procura em um parceiro e resolver ser mais compreensivo, mas até estar disposto a dar a si mesmo o amor e a atenção que anseia por receber de outra pessoa e até conseguir Para as características que você está buscando em outra, as chances são boas de que você permanecerá insatisfeito em praticamente qualquer relacionamento.

A vida é tão boa quanto o seu relacionamento consigo mesmo. Isso porque ninguém é mais qualificado para dar o que você realmente quer e precisa. Só você conhece os desejos mais profundos do seu coração. Só você sabe exatamente o que você quer ouvir, sentir e fazer.

Lista de Desejos

Aqui estão alguns itens que você pode encontrar em uma "lista de desejos" típica para um parceiro ideal:

- Me respeita
- Me entende
- Me ama incondicionalmente
- Quer passar tempo comigo
- Me apoia no que eu quero fazer

Soa maravilhoso, não é? Mas e se você fosse capaz de entregar com entusiasmo e confiável todos os itens desta lista *para si mesmo*? Imagine, por um momento, a dinâmica de atração e conexão que pode existir entre duas pessoas que já eram adeptas de suas próprias necessidades, e já seguras em sua compreensão e apreciação de si mesmas. Isso seria um relacionamento incrível, certo?

O fato é que, se você quer um parceiro que respeite você, então você deve primeiro respeitar a si mesmo. Se você quer alguém que te entenda, primeiro você precisa entender a si mesmo.

Vindo de um lugar de segurança emocional e respeito próprio, reduz nossa tentação de nos envolvermos em um relacionamento romântico simplesmente para preencher nossas lacunas emocionais. Permite-nos abordar relações potenciais a partir de uma posição de inteireza e força, e não de uma posição de carência, solidão ou desespero.

Ironicamente, possuir esse tipo de integridade e autoconfiança também o tornará muito mais atraente para o tipo de pessoa que você espera atrair. Isso irá melhorar seus instintos emocionais, permitindo que você arrisque com segurança ser mais vulnerável, acessível e compassivo. Ele também ajudará você a desenvolver as habilidades e a conscientização necessárias para realmente amar e apreciar outra pessoa.

Como resultado, se você estiver procurando por um parceiro, terá mais sorte em atrair um indivíduo saudável, completo e bem equilibrado - alguém interessado em construir um relacionamento real, e não em jogar o jogo salvo e salvo. Se você já está com alguém, será mais capaz de ver seus pontos fortes, e ele ou ela será muito mais propenso a compartilhá-los com você.

Ame aquele com quem você está

Existe uma espécie de magnetismo que existe entre pessoas de valores, características e capacidades semelhantes. Uma boa maneira de começar a desenvolver mais das características que você gostaria de ver em seu parceiro é reformular pedidos e desejos orientados para o relacionamento, de modo que eles reflitam um foco interno, em vez de um foco externo.

Por exemplo, em vez de dizer, "Eu gostaria de ter um parceiro que foi ___________" (preencher o espaço em branco), você pode tentar dizendo: "Eu desejo que *eu* poderia ser ___________" e ver se que os anéis de sentimento verdadeiro de qualquer forma, ou se esse tipo de evolução for possível para você. Isso é importante porque, inconscientemente, tendemos a procurar características e atributos em outros que ainda não estão desenvolvidos em nós mesmos. Isso vale para tudo, desde criatividade e atletismo até confiança e sucesso profissional.

Outra maneira de mudar a perspectiva: assuma total responsabilidade pelos seus próprios problemas. Se você está em um relacionamento onde a comunicação é desafiadora, em vez de perguntar "Como podemos nos entender melhor?", você pode perguntar: "Como posso me entender melhor - para poder assumir a responsabilidade por minhas próprias 'coisas'??" Em vez de perguntar: "Como podemos ser mais sensíveis às necessidades um do outro?", você pode perguntar: "Como posso saber o que realmente quero e preciso? Posso dar isso a mim em vez de apenas exigi-lo do meu parceiro?"

Pode parecer contra intuitivo olhar para dentro do que você obviamente quer de outra pessoa. Você pode pensar: "Mas eu não quero me amar, quero que *alguém* me ame. Eu quero que *alguém mais;* atenda às minhas necessidades".

Em algum nível, a maioria de nós se sente assim. Graças a contos de fadas, canções de amor populares e TV, crescemos em uma dieta constante de histórias "felizes para sempre". Pensamos que, se pudermos encontrar a pessoa certa, não precisaremos fazer nada - apenas relaxe e seja adorado incondicionalmente. Mas nós realmente achamos essa mentalidade passiva atraente em um bom amigo ou parceiro em potencial? Provavelmente não. O senso comum e a experiência nos dizem que isso simplesmente não funciona.

A maior vantagem de se tornar a pessoa que você quer encontrar é que, mesmo se você se encontrar voando sozinho por um tempo, você ainda terá muitos dos componentes do relacionamento que sempre desejou. E isso faz com que ser solo seja muito mais divertido.

Olhando para dentro

Então, como você pode se tornar a pessoa que você quer encontrar? Aqui estão dois processos que ajudam a desenvolver sua capacidade de olhar para dentro, aprender a aceitar o que você vê e então se abraçar com uma compaixão de coração aberto. Cada um deles ajuda a avaliar e melhorar a maneira como você funciona em todos os aspectos da sua vida, não apenas em um relacionamento romântico. Mas cada um também ajudará você a perceber e apreciar o que há de melhor em seu parceiro.

1. Examine suas crenças e suposições inconscientes. Para a maioria de nós, o relacionamento de nossos pais é o paradigma que mantemos para todos os relacionamentos. Se foi bom ou ruim (ou algo intermediário) não importa; é o que foi modelado para nós e é o que aprendemos.

Você pode não acreditar que o modelo de um relacionamento impresso em seu inconsciente décadas atrás possa afetar seus relacionamentos agora, mas acontece. A maneira como você se relaciona consigo mesmo e, subsequentemente, a maneira como se relaciona com os outros, é fortemente influenciada por esse padrão impresso. Até que você possa reconhecê-lo e ir além, é improvável que você encontre suas melhores escolhas.

Por exemplo, se você acredita que amar e aceitar a si mesmo incondicionalmente é egoísta ou vaidoso, nunca estará aberto a receber amor incondicional de outra pessoa. Se você está fechado para si mesmo, então você está fechado, ponto final.

Sente-se com um diário, ou faça uma longa caminhada, e reveja suas crenças e suposições sobre todo o conceito de "relacionamento". Pense em como os modelos que você aprendeu na infância podem estar empilhando o baralho contra você. Uma vez que você entenda como suas ideias arraigadas sobre relacionamentos podem estar operando em um nível subconsciente, seus esforços conscientes para fazer as coisas de maneira diferente serão muito mais bem-sucedidos.

2. Possuir suas projeções. Assim como somos propensos a achar atraente nos outros os próprios atributos e habilidades que mais queremos desenvolver em nós mesmos, também estamos constantemente projetando nossas próprias ideias, sentimentos e motivações para outras pessoas. Reconhecer essa tendência quando ela ocorre e observá-la com compaixão (em oposição a muitos autojulgamentos) pode ajudá-lo a dar passos gigantescos rumo à auto aceitação e à autoconsciência.

Uma das nossas crenças mais fortes é que podemos saber com certeza o que está motivando alguém. Por exemplo, digamos que seu cônjuge gasta mais tempo buscando seu hobby do que ele com você, e você projeta que isso significa que ele não valoriza muito seu relacionamento. Você provavelmente se sente magoado, ignorado, irritado e abandonado. Mas você pode estar projetando um significado no comportamento de seu parceiro que não tem nada a ver com seus sentimentos ou motivações reais.

Você está realmente com medo de que ele valorize seu hobby mais do que você? Não *que você* valoriza algum aspecto de sua vida mais altamente do que o seu relacionamento? Ou será que você *gostaria de* ter uma paixão com a qual se importasse tanto? Sua resposta emocional pode ter mais a ver com sua reação às suas próprias projeções do que com a própria realidade. Quando essa nova percepção surge, também aumenta a possibilidade de um exame honesto, no qual ninguém é culpado.

Tenha em mente que os relacionamentos são, por sua própria natureza, reflexivos. Estamos aqui e em um relacionamento uns com os outros, para ajudar uns aos outros a aprender. Pode ser muito útil perceber que cada pessoa em nosso meio é, de alguma forma, um reflexo de um aspecto de nós mesmos.

O que quer que achemos invejar, cobiçar, desejar ou detestar em outro, é muito provável que algo chame nossa atenção aqui em casa.

"Elegância não consiste em vestir uma roupa nova"

Coco Chanel

O mundo não é só você o mundo é você e mais sete bilhões de pessoas e qual o legado que você vai deixar para humanidade

Qual a história o exemplo que vai deixar para todos em volta de você e dos seus filhos e netos que estão no futuro

A responsabilidade é somente sua e de mais ninguém

Nos dias de hoje ainda existe a garota que sonha em encontrar seu príncipe encantado e o cavaleiro na sua armadura reluzente que banque seus caprichos e pague suas contas ,mas depois que ele a levar para seu castelo vai sentir no direito de lhe dar ordens também a aos poucos aquele sonho de princesa volta a ser a serviçal cinderela

Independência financeira, o teu sucesso é uma decisão que depende exclusivamente de você, faça acontecer crie suas expectativas
A vida ele pode ser mais antes de encontrar alguem que lhe complete complete-se de você mesma, produza mais Faça.

Sonhar é ótimo, mas fazer é melhor.

O lado positivo da raiva

Às vezes, uma explosão de raiva pode ser produtiva e ter benefícios para a saúde.

A raiva é geralmente considerada uma emoção negativa - algo que precisa ser contido ou pelo menos "administrado". Nossa aversão à raiva faz sentido.

A raiva persistente pode prejudicar nossa mente e nosso corpo, e nossos relacionamentos: Estudos ligam a raiva crônica à depressão, dor nas costas, disfunção sexual e muito mais;

Outros estudos descobriram que explosões de fogo podem desencadear ataques cardíacos e derrames.

Toda a raiva não é igual, no entanto.

Existem formas destrutivas e produtivas de raiva.

O especialista em gestão de raiva John Schinnerer, PhD, que atuou como consultor psicológico do filme animado *Inside Out da* Pixar , diferencia a irritabilidade crônica - uma perspectiva de longo prazo caracterizada pela percepção do mundo através de uma lente hostil e persecutória - e a resposta irada momentânea, que todos nós exibimos de tempos em tempos.

A raiva da variedade flash-in-the-pan não é apenas normal; tem alguns benefícios reais.

Essa explosão de raiva desencadeia uma bateria de respostas fisiológicas, incluindo aumento da frequência cardíaca e pressão arterial, que são cruciais para manter a segurança de nós mesmos e de nossos entes queridos. Se soubermos que nosso filho está sendo intimidado ou pegarmos um carteirista roubando nossa carteira, reagir com raiva pode ser tanto adaptativo quanto produtivo.

A raiva é útil não apenas em momentos de coação, mas também no esquema mais amplo de nossos relacionamentos. Por um lado, a exasperação pode nos obrigar a dizer o que sentimos em vez de engarrafá-lo. E quando expressamos esses sentimentos respeitosamente (pensemos em respirar fundo, dizendo nossa peça, ouvindo o que a outra pessoa tem a dizer), a raiva está ajudando a promover o crescimento e a mudança e pode até mesmo contribuir para uma vida mais longa.

Afirmar a raiva de maneira produtiva requer um pouco de ida e volta, mas se fizermos isso com calma e assertividade, diz Schinnerer, "isso nos ajuda a falar pelo que precisamos e deixar que os outros saibam quando nossas fronteiras estão sendo violadas".

A raiva também merece crédito por prover um chute proverbial na bunda, especialmente em comparação com o efeito paralisante de outras emoções negativas.

Tome tristeza. Sentir-se triste geralmente nos leva a ver a vida através do que os psicólogos chamam de "lócus de controle externo", ou a crença de que coisas boas ou ruins acontecem por causa de fatores além do nosso controle.

A raiva faz o oposto, correspondendo a um "lugar *interno* de controle" - a crença de que temos uma palavra a dizer no que nos acontece.

"Ser louco também pode ser bom para a sociedade; nos motiva a trabalhar em direção a mudanças positivas", observa Schinnerer. "Coisas como #MeToo ou o movimento dos direitos civis não existiriam sem raiva."

Ainda assim, é importante distinguir entre a raiva como um impulso para a mudança positiva e a raiva como um catalisador para doenças cardíacas, relacionamentos danificados ou um buraco do tamanho de um punho na parede.

Para diferenciar entre raiva normal e saudável e irritabilidade crônica, Schinnerer nos encoraja a considerar três elementos de nossa raiva:

- **Duração** ou quanto tempo dura a emoção.
- **Frequência** ou com que frequência isso acontece.
- **Intensidade,** ou quão fortemente você a experimenta.

A intensidade é especialmente importante, explica Schinnerer, porque nos ajuda a pensar sobre a raiva no contexto.

"Há uma diferença entre estar intensamente irritado com algo como injustiça racial ou assédio sexual e ficar fora do controle toda vez que você for pega no trânsito.

 Uma maneira de manter a perspectiva é perguntar a si mesma: **"Isso importará em cinco anos?"**

Em última análise, a chave para usar a raiva de forma produtiva, em vez de destrutivamente, é estar ciente de nossos sentimentos e encontrar uma maneira saudável de liberá-los antes que fiquem muito grandes. Schinnerer nos encoraja a cultivar o hábito de avaliar nossa raiva à medida que ela surge, usando uma escala de 1 a 10.

"Eu digo às clientes para se expressarem antes de chegarem a 5. Dessa forma, elas falam pelo que precisam enquanto ainda estão relativamente calmos".

Quando canalizamos nossa frustração em vez de deixá-la inflamar, podemos transformar o que parece ser uma emoção negativa em algo poderoso e produtivo. Às vezes, isso pode não significar muito mais do que um e-mail com severidade de palavras para o atendimento ao cliente, mas, desde que o tiremos de alguma forma, não há motivo para temer sentimentos de raiva.

Raiva produtiva ou destrutiva: cinco maneiras de saber

1. Como sua raiva afeta os outros? A raiva produtiva leva a resultados positivos, como comprometimento, empatia e até mesmo intimidade. A raiva destrutiva leva os outros a sentir medo, desrespeito ou mágoa.
2. Em uma escala de raiva de 1 a 10, você pode diferenciar entre o nível 2 e o nível 9? Isso requer cultivar a consciência de como a raiva se sente em seu corpo em todas as fases. (Por exemplo, em um nível baixo, seus dentes podem apertar; em um nível médio, suas mãos podem tremer; em um nível alto, pode ser difícil respirar).
3. Você sempre espera até chegar a 5 (ou mais) antes de dizer como se sente? Se você frequentemente se deixa refogar - ou então vomitar -, sua raiva é provavelmente mais destrutiva do que produtiva.
4. Você frequentemente culpa os outros por seus sentimentos de raiva - ou as consequências? A raiva pode ser fortalecedora, mas somente se você se apropriar dela.
5. Você aceita a raiva como uma emoção humana natural ou você a afasta? Se você se sentir

envergonhado de si mesmo toda vez que sentir raiva, é mais provável que você exclua as mensagens subjacentes que sua raiva está tentando comunicar (isso *não é justo! Isso não parece certo!*)

Voz e maneira de falar

os **homens preferem mulheres que têm uma voz "feminina" alta**. Marilyn Monroe é um ótimo exemplo da voz ideal. A voz menos atraente é uma voz estridente como a de Kim Kardashian e a de Ellen Page.

Isso ocorre porque altas vozes femininas estão associadas à juventude, o que equivale à atratividade. As mulheres mais velhas geralmente têm vozes estridentes.

Fale com vigor deixe sua voz feminina suavizar todo ambiente com graça e harmonia o universo funciona melhor através da harmonia e o homem sente essa vibração magnética toda vez que fala com o sorriso no rosto

Vozes fanhas de mulheres transgénero também não costuma ser tão atrativas aos ouvidos masculinos, quando não consegue alcançar um timbre de soprando *(voz mais aguda feminina)* ou mezzo-soprando *(voz intermediaria feminina)* não precisa sentir medo em soltar a voz, falando para dentro fica pior não passa credibilidade ,então mesmo que tenha uma voz mais grave da que gostaria de ter, relaxe pratique algumas canções que goste e se identifica ,verá que existem diversas cantoras magnificas que cantam em contralto(voz mais baixa feminina) que encanta tanto homens como mulheres como :

Ivete Sangalo, Beyonce, Adele, lady gaga, Alicia Keys, Shakira , Amy Hinehouse , Nina Simone

só não seja tagarela

Evite ficar falando a noite toda, cansando o ouvido do pobre rapaz. Em vez disso, experimente fazer um ritual que vai diminuir a sua ansiedade e ainda criar uma ligação mental com o seu pretendente.

O ritual é simples. Enquanto toma banho, passa cremes e se perfumar, se imagine conversando com o homem e fale tudo que deseja. Quando se encontrarem fisicamente você perceberá que ele recebeu toda a mensagem através do campo mental, sem precisar discutir e desgastar a relação.

Não importa o que fizeram com você. O que importa é o que você faz com aquilo que fizeram com você.

Jean Paul Sartre

O fogo da emoção humana é a emoção ,se você não causar emoção no homem que quer conquistar no emprego que deseja alcançar de nada irá valer ,lembre-se de quantas e quantas vezes você se viu saindo de uma loja com sacolas movida pela emoção , e essa emoção precisa ser constante , não pense que só por que consegui conquistar seu homem acabou por ai , todo dia e uma nova etapa uma nova conquista algum detalhe muda tudo pois se você não causar essa emoção momentaneamente outra irá aparece quando menos espera e causará o impacto que faltava ou você desistiu

Necessidade do amor, pelo medo da vergonha, o orgulho do reconhecimento, o desejo de se sentir importante a urgência de se sentir atraente a vaidade do poder, a busca pelo romance e a necessidade de se sentir seguro e o terror do desconhecimento

Lembre-se bem as palavra-chave emoção isso que impulsiona você fazer uma compra de forma impulsiva também atrai o amor para perto de você,

As mulheres sempre foram dinâmicas, "Quantas de nós se desdobra em multitarefa no seu dia a dia?

Quantas mulheres passam a maior parte de suas horas acordadas fazendo multitarefa? Eu não estou falando sobre o telefone e o computador e conversando com seu filho. Também estou falando sobre sua vida **emocional** e seus compromissos com os outros e seus relacionamentos e seu compromissos com uma instituição em perseguir excitação e oportunidade e possibilidade.

A Atratividade dos Traços de Personalidade

Os extraterrestres são simplesmente mais atraentes do que os introvertidos? Isso é porque eles parecem mais socialmente confiantes, mais otimistas e mais enérgicos? Ou talvez porque eles possam parecer altos, falantes e egocêntricos, os extrovertidos fortes são menos atraentes do que introvertidos silenciosos e mais pensativos.

Do mesmo modo, encontramos pessoas com afetividade negativa e baixo ajuste menos atraentes porque parecem trabalho tão difícil? E quanto a pessoas conscientes e trabalhadoras e confiáveis?

Além disso, uma "personalidade atraente" pode compensar, ou de alguma forma parece mais importante do que alguém pensava ser fisicamente muito atraente? Existe um perfil de personalidade que é maximamente atraente ou pouco atraente?

Uma mulher poderosa é argumentativa e focada. Ela simplesmente ela demonstra racionalmente a veracidade dos seus argumentos e, assim, convence os seus interlocutores homens ao seu redor. Diferentemente de uma pessoa manipuladora, que se utiliza da força e chantagem para fazer seu interlocutor a aceitar suas ideias.

Vemos isso alguns casos em que a mulher já não tem mais o homem esse que já navega em outros mares e tenta sem sucesso utilizar da chantagem emocional usando o filho contra ou criando argumentos que só possa vê-lo com determinadas condições que o impossibilite ,sem perceber ela está afastando ainda mais o homem que um dia foi dela

A hora certa para iniciar

Você pode saber tudo sobre as melhores palavras para persuadir seu homem, qual a linguagem corporal que precisa adotar e até mesmo pode saber o que a pessoa deseja ouvir.

Porém, se você **escolher o momento errado para usar tudo isso**, não adianta saber o que é persuasão, sedução, ou técnicas de uma mulher poderosa **você irá falhar;** em convencer até mesmo os homens mais flexíveis.

De nada adianta ressaltar sobre aquela calha velha no telhado que precisa ser trocada ou aquela janela emperrada que precisa de manutenção logo após um delicioso café da tarde com bolo de fubá ou uma tarde de sexo, **Bom para você** se não aproveitar o momento exato

 pessoas são mais facilmente convencidas após terem agradecido alguém, pois elas se sentem em dívida.

Esse é o famoso princípio da reciprocidade.

Use a palavra sim três vezes concordando com ele:

- **Sim**, realmente esse bolo de fubá está ótimo!
- **Sim,** hoje o dia está agradável de verdade
- **Sim** isso sem dúvida foi uma ótima escolha

Espere ele agradecer pelo momento agradável que o ofereceu.

Só então comente: seria bom que **fizéssemos** aquele conserto na janela

No caso de um casal colocar a frase como nós cria um impacto mais forte de dever a ser cumprido (seja cúmplice)

Caso seja apenas um namorado ou amigo pode substituir por: Gostaria tanto que você.

Portanto quando o homem a agradece por algo que você fez, essa pode ser uma boa hora de aplicar a frase.

Opte pelo "nós"

A história **"nós somos parecidos"** é a mais simples dessa lista e busca uma conexão rápida com a pessoa.

Os 3 momentos do gênio da lâmpada

1. Crie o momento agradável
2. Diga os 3 (SIM)
3. espere ele agradecer (de alguma forma lembre-se que homens não são muito de demonstrar sentimentos com palavras como as mulheres gostariam de ouvir) **diga seu desejo**

você precisa falar "a língua da pessoa". Não adianta você conversar em português com um japonês que não conhece o idioma, certo?

Empatia. Essa é a chave do sucesso para convencer pessoas.

Vejam que para tanto conhecer seu par ideal ou até mesmo almejar aquele bom emprego que vem a sonhar não está ligado a sair correndo por aí como uma louca, mas consiste em se mudar a forma de agir e pensar esses são os primeiros passos Sair da zona de conforto.

Então coloque-se no lugar do seu homem ou pretendente e imagine como é o que ele ou ela gostaria de ser convencido.

O importante não é o que você fala, mas como você diz.

Seja para vender uma bala no farol, vender um automóvel, pedir um aumento ao seu chefe o conceito serão sempre os mesmos interesses pessoal

Crie a necessidade

A antecipação é a chave da nossa felicidade

Vamos voltar ao exemplo da janela que a esposa deseja que conserte as vezes é preciso preparar o terreno

Em um momento qualquer fazer um comentário que desperte o interesse sem pedir nada apenas aguçando um desejo dentro do homem faz com que mentalmente no seu subconsciente ele também deseje o mesmo que você

—Você ficou sabendo, querido o nosso vizinho instalou umas janelas articuladas de alumínio tão modernas

Observe que ela disse (o vizinho) e não (a vizinha) isso vai enfatizar a linguagem interna dentro dele de competitividade.

Quando isso é bem feito, mesmo que ele não precisa da tal janela concertada em seu pensamento sente-se atraído por realizar ou até mesmo comprar uma nova.

Afinal nenhum homem quer ser passado para trás, isso é notório no ser humano há um desejo competitivo impregnado escondido dentro de cada um de nós, se você descobre que sua vizinha possui um vibrador que toca músicas natalinas você vai desejar um igual ou melhor.

Crie uma necessidade

O psicólogo americano Abraham Maslow classificou as necessidades humanas de acordo com uma escala de hierarquia.

A base da pirâmide é formada por necessidades básicas como comer, dormir e respirar e conforme são atendidas, outras mais acima começam a ganhar importância dentro da nossa cadeia de prioridades.

A teoria de motivação pessoal de Maslow afirma que somos motivados pelo que ainda não alcançamos e sempre respeitando a hierarquia de necessidades.

De acordo com Maslow, nossas necessidades estão classificadas em 3 grupos:

Necessidades Básicas: comer, dormir, respirar, ter moradia e satisfação sexual.

Necessidades psicológicas e sociais: todos nós precisamos de amor e do sentimento de pertencer a um grupo. O status também se enquadra nesta categoria.

Necessidade de autorrealização: se você já tem suas necessidades fisiológicas, sociais e psicológicas atendidas irá em busca de evoluir.

Dentro dessas categorias da pirâmide de Maslow você certamente irá encontrar uma ou mais que não está sendo preenchida e assim você poderá prover algo para resolver essa falta.

Segredos de mulheres poderosas

Cleópatra

Sua suposta beleza é pura invenção, mas a capacidade de seduzir, não.

Wu Zetian

A única mulher a se tornar imperatriz na China,Aos 13 anos, tornou-se concubina do imperador Taizong e, depois, envolveu-se com o filho dele, Gaozong.

Vitória

Nunca houve um nome mais apropriado. Vitória teve o maior reinado que a Inglaterra já viu – até Elizabeth II a ultrapassar em 2015 – num dos melhores períodos do país, e, no final do século 19
Existe uma Era que leva seu nome a era Vitoriana

Rainha de Sabá

Considerada uma das mulheres mais ricas de sua época, conquistou um dos homens mais poderosos da história humana o rei Salomão escritos em pergaminhos e passagens bíblicas nas três vertentes religiosas mais difundidas no dia de hoje, cristianismo, islamismo, judaísmo, diziam que ela possuía uma grande ligação com a arca da aliança

Ao contrário do que muitos pensam e foi mostrado em filmes hollywoodiano todas essas mulheres não possuía uma beleza exorbitante, mas sabiam controlar os homens a sua volta

Inteligência emocional

Pessoa persuasiva é aquela que sabe manter o controle emocional para insistir e se sobressair de objeções sem ser chato. Quando não há esse equilíbrio, em geral, as pessoas perdem a razão e até partem para a violência ou, pior, ficam com uma imagem ruim perante o interlocutor.

Foco

Como eu costumo dizer, o foco é outra característica marcante de uma mulher poderosa.

Ao dominar o assunto, ela sabe fundamentar sua argumentação com assertividade.

Por isso, ao contrário do que muitos pensam, não são precisos "textões" para convencer alguém. Somente são necessárias as palavras certas. Combinadas com a frase ideal

- Estou afim que me faça algo importante.

- Imagine que bom seria ...

- Faça por merecer que será incrível

- Seria algo exclusivo

- Garanto que existem coisas muito mais únicas

- Teu presente pode estar tão mais próximo do seu futuro que seus olhos possam imaginar

Algumas frases são bem impactantes ao ouvido masculino juntas com uma pitada de sensualidade sem vulgaridade algo místico causa um desejo incontrolável um verdadeiro elixir Marilyn Monroe usava isso com maestria

Acreditar no que você diz

Não importa se está a serviço de alguém ou de si mesma, a mulher empoderada acredita realmente naquilo que vende; aquilo que possui de positivo

Humildade

Quem é poderosa, não se acha superior às outras mulheres e aos seus homens ao seu redor. Muito pelo contrário: é necessário demonstrar empatia para convencer alguém do seu poder pessoal, bem como respeitar as opiniões contrárias. Isso faz com que seus argumentos se sobressaiam mais do que a própria pessoa e ela ganha em credibilidade e confiança.

*Se você não se arrisca e constantemente se afasta
da sua zona de conforto, você não pode crescer.*

Beyonce

Épocas de festas

Alguns momentos festivos costumam ser um pouco desagradáveis quando o tema bate na porta do relacionamento a dois

Conversando com um amigo dia desses contava ele na época em que estava vivenciando um relacionamento poli amoroso ele mais dois rapazes, por fim não fluiu bem e acabou por escolher um, apesar de se darem muito bem, quando lhe perguntei o motivo de terem acabado ele disse que nossa sociedade foi planejada para casais

Quando precisava ir a um cinema ou alguma viagem a maioria dos lugares são feitos para duas pessoas e se formos ver bem é exatamente isso e nosso cotidiano , Sei que existem hoje muitos casais adeptos a poli amor alguns desse talvez não sinta tanta dificuldade em um relacionamento a três pelo fato de se tratar mais de um fetiche onde um casal convida uma terceira pessoa consensual para ser amante de ambos mas no caso especial deste meu amigo não pareceu tão bom ter que dividir os sentimentos com uma pessoa é algo bem difícil agora mesclar isso em mais parte se torna mais difícil o fato em ter tocado nesse assunto é que independente que tenha três ,cinco ou nenhum namorado nossa sociedade é elaborada e planejada para vivermos em casais queira você ou não e vemos isso principalmente em festas comemorativas onde estar sozinho lhe transforma na diferençona do pedaço precisa estar com alguem nem que seja uma amiga ao seu lado ,algumas festas em especial como dia dos namorados e natal costuma ser um encontro onde pode-se apresentar aos amigos do ciclo de amizade

Vejam eu sou capaz e essa imagem de que precisamos ter alguem ao nosso lado para sermos especiais se tornou quase um ritual a ser seguidos mesmo em caso você gostando ou não do rapaz está lá apresentando alguem para não se sentir a solitária

Para aquelas que são solteiras, você provavelmente está preenchendo seu calendário social em uma tentativa desesperada de matar a realidade de estar sozinha ou tentando traçar seu caminho para fora da cidade longe dos amigos para que você não precise responder mais uma vez. As velhas perguntas de anos após anos, perguntas essas com base nas projeções comparações com amigas ou aquela prima chata que costuma aparecer com o namorado e as vezes até dando olhadelas diferentes a você mas que ela não tem tempo de ver afinal de contas ela está com alguem mesmo que ele não valha essas coisas com aqueles mesmo papos de sempre ,se não bastasse pessoas a dizer como é para que você estar solteira mais um ano.

o cenário parecer menos sombrio, fica ruim quanto você está focada nessas ideias negativas se deixando levar pelos outros a sua volta.

Fazer:

1. Reconheça **cada experiência** que você tem é necessário para o crescimento. Ninguém passa a vida aproveitando cada ocasião celebrada. É impossível controlar o tempo e a tragédia que a vida lhe apresenta, você tem apenas o poder de controlar seus pensamentos e emoções, não as circunstâncias. **Aceite onde você está na vida agora**, os dias virão e virão e um dia você olhará para trás e se perguntará por que você pagou tanta energia para se sentir mal.

2. Mantenha-se em uma mentalidade equilibrada, lembre-se que o verdadeiro **equilíbrio** tem experiências positivas e negativas. Se você está em um relacionamento ou está solteira, nunca é responsabilidade de alguém preencher seu tanque de felicidade. Você e **você só** decidem que combustível é necessário para operar o seu motor. Manter um depósito saudável no seu tanque é o seu próprio projeto. A época festiva não é diferente de qualquer outra época, nem sempre é possível controlar o que acontece, mas você pode ajustar sua mentalidade e os resultados futuros. O que é que te faz feliz? *Faça mais disso*, com o que você se sente inspirada? *Busque mais disto*, o que é que você sonha? *Sonhe mais sobre isso,* O que você mais quer na vida? *Concentre-se mais nisso* - Simples

3. Pense nos outros, a óbvia zona de VAMOS LÁ na véspera de Natal e dia é que você quer ajudar os outros e encher o seu tanque ao mesmo tempo voluntariado - mas a realidade é que a maioria das instituições de caridade estão lotadas para aquele dia do ano, meses antecipadamente. Em vez de ser tudo para todos, por que não tentar um simples ato de gentileza e oferecer-se para receber uma celebração natalina de órfãos? Eu sempre acreditei em estender a generosidade da mão e fazer com que os outros se sintam bem-vindos. Como resultado de estender um convite de Natal para uma nova família na escola de seus filhos, uma década de amor e amizade floresceu e eles permanecem não apenas uma bela lembrança de época festiva, mas também amigos que melhoraram minha vida. Oferecer bondade não pode ser com a intenção de recebê-lo é com a intenção de dar. Você vai, no entanto, receber tanto em seu coração quanto você dá.

4. Faça o que parece certo em qualquer momento sem se minimizar para agradar as pessoas. Aceite todos os convites para os quais você está genuinamente interessada em participar e recuse outros no local. Isso aumenta sua autoestima, capacitando-a a ser honesta e congruente com quem você é, sem precisar se justificar ou, pior ainda, mentir mais tarde sobre o motivo de você não pode comparecer. É o momento perfeito para estabelecer novos hábitos e educar o **seu eu interior** para expressar e possuir

quem você realmente é, sem sentir a necessidade de se comprometer para agradar aos outros.
5. Saia e aproveite as coisas simples. Voltar para a natureza sempre aumenta a felicidade. Caminhe na praia, faça um piquenique no parque, passeie pelo mato - saia e aproveite o verão.
6. Exercício! Qualquer forma de exercício vai liberar dopamina e, naturalmente, elevar seus espíritos.
7. Sempre procure o seu melhor pessoal quando sair de casa. Quando você parece bem, você se sente bem. Quando você se sente bem, você cria energia positiva, isso inclui usar seu melhor trunfo - seu sorriso!

Não fazer:
1. Não faça uma data desesperadora nas semanas que antecedem o Natal e Ano Novo, registrando em

cada aplicativo de encontros e site no hemisfério sul, atirando para todos os lados até com o Papai Noel das lojas não busque o fracasso - nada do que você quiser ou o desejar irá se manifestar em sua vida quando você se concentrar **no que você não tem**.

2. Não olhe para trás no espelho retrovisor em um relacionamento fracassado com a nostalgia do que foi. Tentando reconectar, olhando para trás em todos os bons momentos e memórias felizes que você compartilhou nesta época do ano só leva você a uma falsa fantasia de que seu relacionamento foi e não porque terminou na visão de trás, há sempre um ponto cego - Reconciliando durante os tempos emocionais ou tradições célebres raramente funcionam e adicionam dor extra a longo prazo.

3. Não compartilhe em todas as mídias sociais bobagens do quanto você detesta algumas celebrações dependendo de como pôr deixará evidente sua dor de cotovelo e transmitira mais o gosto do fracasso. Limite seu tempo online - Pare de comparar sua realidade com a realidade de outras pessoas que eles escolhem compartilhar. As mídias sociais não são a realidade, muitas das pessoas exageram dentro de uma máscara de felicidade usam uma indicação não tão verdadeira do que realmente está acontecendo. Volte para uma época em que você, seus pais ou seu chefe estiveram no meio de uma discussão acalorada *(geralmente conhecida como barraco)* quando, de repente, há uma interrupção de um telefonema ou alguém batendo na porta, uma terceira pessoa, o humor é

subitamente trocado de raiva e frustração para ser brilhante, feliz e positivo. A realidade é que todo **mundo usa uma máscara**.

4. Não se envolva no momento de uma festa de escritório ou romance de férias, a menos que você realmente saiba o que está fazendo. As ramificações desajeitadas que cria no local de trabalho raramente são iguais à gratificação instantânea. Um romance de férias com duração de alguns dias ou semanas é um negócio arriscado, como você pode ver-se presa em uma traição que você nunca viu chegando. De acordo com um site de namoro extraconjugal, illicitenounters.com 1 em cada três dos seus membros admitiu ter traído suas parceiras durante a temporada de férias.

5. Não faça promessas que você não pretende manter. Se você se comprometer em ser alguém e mais honrar sua palavra ao invés de decepcioná-la no último minuto.

6. Não gastar demais em presentes para os outros, na tentativa de comprar o amor deles, não funciona.

7. Não compartilhe toda a sua roupa suja na mídia social. Só porque você pode estar tendo um tempo difícil, não significa que você precisa espalhar a desgraça e melancolia.

É fácil reconhecer o "poder" feminino nas mulheres que vemos aos olhos do público, mas o verdadeiro poder é algo mais sutil e sublime.

Eu prefiro definir poderosa como "ter poder, autoridade, influência".

A treinadora de confiança Laure Redmond, autora de Feel Good Naked, falou sobre o poder real. Ela diz que o mundo precisa mais são de mulheres comuns, não usando seu poder para se posicionar sobre os outros ou serem ricas e famosas, Sim isso é bom e gratificante, mas que usem seu poder para criar uma vida incrível para si mesmas.

❖ A resistência supera a gratificação instantânea
❖ Levante-se e brilhe mais cedo do que os outros O sucesso vem mais fácil quando você tem um salto no dia - muitas vezes, o início da manhã é o único momento de silêncio em uma casa ocupada ou a única oportunidade de se exercitar ou meditar.

❖ Identifique seus vazamentos e corrija-os imediatamente onde, em sua vida, você perde o poder? Quais pessoas, atividades, obrigações ou processos de pensamento o drenam de seu poder? Quando você os encontrar, "patch" -los, fazendo as alterações necessárias.

❖ Fique sempre curioso A curiosidade deixa as pessoas animadas e leva a novas ideias. A coisa mais inteligente que você pode fazer é constantemente fazer perguntas.

❖ Não leve muito a tecnologia, mas otimize sua tecnologia

❖ Exercite sua autoridade ser capaz de abordar todos os tópicos, grandes ou pequenos, bobos ou sérios se destaca. Quando você defende seus valores e se recusa a ser um capacho (seja na vida ou no amor) e usa seu poder para falar o que pensa, o respeito é dado em troca.

❖ Cerque-se com outras mulheres poderosas A verdade é que você nem sempre se sentirá forte e no controle. Problemas, medos e problemas da vida real têm uma maneira de drenar nosso poder. As mulheres que estão conectadas a outras

❖ mulheres compartilham seu poder. Quando um amigo está com pouco poder, outro pode "sugar" alguns dos seus para compartilhar.

❖ Manter a graça diante da derrota

Eu particularmente acredito que o mundo só se tornará mesmo melhor quando as mulheres tomarem as rédeas

O equilíbrio é a base de tudo que se transforma em uma harmonia verdadeira

O que é empoderamento feminino?

Empoderar significa tomar o poder. No entanto, tomar o poder não implica necessariamente em guerrear.

E o que mais vemos nesse cenário atual é uma guerra.

Uma disputa em que a mulher, para se elevar, denigre a imagem do homem. Ao fazer isso, torna-se praticamente um deles. Não falamos de sexualidade, mas sim, de feminilidade.

Feminilidade é uma característica que a mulher possui de olhar o mundo de uma maneira mais subjetiva, gentil e graciosa.

Ser feminina não é arrumar as unhas, fazer o cabelo e se vestir de patricinha. Em outras palavras, essa não é uma característica externa.

Internamente ser mulher é observar o detalhe. Ser gentil mesmo em momentos ríspidos. Vencer as guerras com afabilidade.

Não importa qual o tipo de família a que você pertença: mulheres casadas (com homens ou mulheres), com ou sem filhos, divorciadas, separadas, solteiras.

A mulher é a sábia que edifica a casa, que gerencia os relacionamentos dos quais participa.

Descubra a Deusa divina que está dentro de você

Os 5 idiomas do amor

Palavras gentis significam o mundo para você
- Receber um elogio aumentará seu humor durante todo o dia - então você retribui o favor elogiando seu cônjuge ou namorado em cada momento seja eles especiais ou não. *Ele vai se sentir tão amado!* você pensa.

Sua outra parte, aquela dentro de você a melhor metade, no entanto, experimenta o amor de uma forma totalmente diferente.
Vamos imaginar que que aquela mulher e seu parceiro vivenciando momentos juntos,
Ela se sente realmente cuidada quando seu cônjuge dá uma mãozinha - alimentando o cachorro, tirando o lixo, pagando as contas. Então, enquanto o seu parceiro está dando-lhe encorajamento verbal, ela está silenciosamente falando sobre o gramado não lavrado, o telhado quebrado, a antena no teto torta a toalha jogada no chão.
Atitudes isso é o segredo de nada adianta sair falando bajulo românticos da boca para fora
Uma mulher de verdade gosta de ver atitudes em seu homem

Veja da mesma forma que você está ansiosa para ouvir sua mãe elogiar suas conquistas, mas ela está ocupada comprando presentes e outros itens variados para sua nova casa - e ela fica completamente desorientada quando a pilha de presentes que ela lhe dá não parece aliviar sua angústia.

Às vezes um abraço uma presença uma mão amiga e ouvir estou aqui com você vale-se mais que um presente correto. Segundo o terapeuta Gary Chapman, PhD, estes são exemplos de pessoas que falam diferentes "linguagens do amor".

É um conceito simples, mas transformador: todos damos e recebemos amor de maneiras únicas. Mas quando nossa maneira de "falar" do amor é diferente da de nossa família e amigos.

Os elogios do marido são doces, e os presentes da mãe são atenciosos, mas, como o destinatário pretendido não envia e recebe amor da mesma maneira primordial, os gestos caem de repente.

existem cinco maneiras principais pelas quais expressamos amor.

Ele então estabelece o quanto nossos relacionamentos podem se beneficiar quando somos capazes de entender e falar fluentemente todos esses idiomas.

É uma ideia muito simples

Mas quando você aplica, realmente altera o clima entre duas pessoas.

A ideia surgiu depois de ouvir alguns casais que eu atendia no meu studio em horários e dias divergentes falarem versões diferentes da mesma queixa.

Um dos parceiros dizia:

"Sinto que minha esposa não me ama'".

Eventualmente, percebi que o que eles estavam realmente expressando era um desejo frustrado. "Então eu me fiz uma pergunta: quando alguém diz que 'minha esposa não me ama', o que ela quer? '
teorizando que cada uma dessas pessoas infelizes tinha um modo dominante de experimentar o amor e queria experimentá-lo dessa maneira particular. Também pude perceber que esses modos de expressão emocional se enquadram em cinco categorias:

1. **Palavras de Afirmação** (Ser verbalmente reconhecido)
2. **tempo de qualidade** (para desfrutar de companheirismo)
3. **Recebendo presentes** (para receber fichas de amor)
4. **Atos de Serviço** (Para que seus parceiros façam tarefas para eles)
5. **Toque físico** (estar em contato através do corpo)

Para quem já teve um momento de "perda na tradução" quando se trata de amor, o conceito é quase instantaneamente esclarecedor. *Ah*, você pensa consigo mesmo, *eu finalmente entendo por que ele está sempre procurando elogios, porque eu só quero sair juntos, e porque nenhum de nós se sente entendido.*

Inicialmente, o desafio é determinar a principal **linguagem de amor** da outra pessoa e, talvez, identificar uma forte preferência secundária. (Afinal, quem não gosta de todos os cinco em algum nível: louvor, companheirismo, recebendo presentes, recebendo ajuda com tarefas e um belo abraço?)

Se a sua principal linguagem amorosa é o **Tempo** e o seu parceiro não passa muito tempo com você nem lhe toca muito, você sentirá muito mais falta do companheirismo do que do toque. E se o seu parceiro simplesmente começar a sair feliz (lógico porque homem emburrado com a cara é melhor ter um cachorro) com você, você se sentirá como se todo o relacionamento estivesse de volta aos trilhos, mesmo sem muitos abraços.

Para descobrir a linguagem emocional primária de outra pessoa, sugiro, tente uma abordagem em três etapas:

primeiro, observe como o seu parceiro mais frequentemente expressa amor por você e pelos outros. Ao se voluntariar para tarefas? Falando palavras amáveis? Encontrar ou fazer presentes pensativos?

Segundo o que ele ou ela mais reclama?

"Você está sempre contando essa história que me faz parecer idiota!"

No meu caso meu marido sempre acha ruim quando eu faço algum comentário para ele dirigir mais devagar

- Problema de afirmação. "Por que você não pode alimentar o gato de vez em quando?" - **reclamação de serviço.**

Terceiro, o que ele ou ela pede com mais frequência? "Não poderíamos ficar longe por um tempo, só nós dois?" "Você me daria uma massagem nas costas?"

O mesmo vale para descobrir sua própria linguagem de amor: como você expressa principalmente o amor, o que você reclama, o que você pede. Você também pode usar o processo de eliminação.

Pergunte a si mesma: "Se eu tivesse que desistir de algo, o que seria?"

E vá até a lista até que você fique com o último que você está disposta a renunciar.

A primeira (língua) parece permanecer mais ou menos a mesma ao longo da vida, aparecendo pela primeira vez por volta dos 3 anos por meio de sinais do tipo **"ame-me-assim"** como "olhe o que eu posso fazer, mamãe!" (Um pedido de palavras de afirmação) ou um prazer em fazer e dar pequenos presentes.

Na grande transição da adolescência, no entanto, a maneira como um pai fala a linguagem de amor de um filho ou filha pode ter que mudar, desde abraços e idas à sorveteria até tapinhas nas costas e participação em jogos de futebol.

É claro que, se receber presentes significa pouco para você, pode ser difícil para você tomar outra pessoa com presentes. Mas se lembre que falar a linguagem do amor de um parceiro é um ato de

- *O que mais?* - amor, que é uma fuga do egoísmo e cálculo de custo-benefício.

E o amor dado livremente estimula o amor em troca.

1. Palavras de Afirmação

Estes são elogios e palavras de apreciação e encorajamento dirigidas à outra pessoa. "Você está tão linda naquela blusa."

"Eu amo como você está sempre na hora de me pegar." "Que ótima filha você é - ajudando sua mãe em seu momento mais movimentado." trabalho - eu sei o quão determinado você é.

enfatizo que as palavras de afirmação não são lisonjas destinadas a manipular a outra pessoa. "O objeto do amor não está recebendo algo que você quer, mas fazendo algo para o bem-estar de quem você ama".
Palavras de Afirmação são declarações verdadeiras que você fala do coração.

Então vamos criar um exemplo prático e bacana para você fazer no seu dia a dia com três palavras

A primeira é o **PORQUE**, a segunda é **IMAGINE** e a terceira é **SIGNIFICA**, essas são as três palavras hipnóticas.

Você pode começar usando-as com seus filhos, com o tempo estará usando-as com maior frequência e facilidades a ponto de trazer para si qualquer homem a fazer seus caprichos

Vou te dar um exemplo prático pessoal.

Se o nosso objetivo é mudar a atitude de alguém em relação a algo, buscamos sempre o caminho mais curto. Uma tendência a focar no problema ignorando a solução. E essas palavras hipnóticas definitivamente podem te ajuda nisso.

Vamos pensar em uma história de uma garotinha meiga e talvez um pouco arteira de vez em quando chamada Valentina.

A Valentina tem sete anos de idade, e toda criança dessa idade tem dificuldade em implementar novos hábitos. Todo dia pela manhã, ao acordar e descer da cama esquecia de calçar os chinelos.

Saia sempre de pés descalços. Era uma verdadeira briga diária da mãe com ela pelo esquecimento. Porque elas moravam no Sul o inverno é muito rigoroso e ninguém quer seu filho doente certo.

Foi então que a mãe resolveu usar a sequência das palavras hipnóticas,

Elaborou sua: **sequência hipnótica, na mulher poderosa;** um texto curto onde a mãe usou na filha Valentina.
E disse a ela:

– Filha eu preciso muito que ao acordar e sair da cama pela manhã, lembre-se de calçar os seus chinelos.

PORQUE... Se continuar saindo da cama com os pés descalços no piso frio, provavelmente ficará doente.

IMAGINE... ter que faltar a escola que você tanto gosta, deixar de brincar com os seus amigos na rua.

Isto **SIGNIFICA...** perder as melhores brincadeiras, por estar tomando remédios e ter que ficar na cama.

E que aconteceu??? Ela nunca mais saiu de pés descalços. Simples assim. Claro que por se tratar de uma criança, foi necessário, mas de uma vez para ela pudesse assimilar. Mas em adultos, o condicionamento é imediato. Garanto que depois dessa, já deve estar pensando em quem, ou onde aplicar isso.

"*Desculpe-me, eu tenho cinco páginas. Posso usar a máquina de Xerox* "- 60% disseram OK

O uso da palavra "**porque**" fez uma enorme diferença. Isso mostra que quando damos uma razão para executar uma ação, há maior entendimento e consequentemente colaboração. É por isso que palavras tem poder.

2. Tempo de Qualidade

Essa linguagem do amor. "Por" tempo de qualidade ", quero dizer dar a alguém sua atenção total", escreve ele.

Qualidade Tempo é tempo gasto em conexão real com a outra pessoa, fazendo contato visual e praticando escuta atenta ao que ela está dizendo.

"Quando me sento com meu esposo e dou a ele 20 minutos de minha atenção, e ele faz o mesmo por mim", continua ele,

"ESTAMOS DANDO UM AO OUTRO 20 MINUTOS DE VIDA".

Nós nunca teremos aqueles 20 minutos novamente; estamos dando nossas vidas uns aos outros.
É um poderoso comunicador emocional do amor.

Viva todos os dias em um novo recomeço. Não se contenha com o que aconteceu ontem, no dia anterior, na semana anterior, no ano anterior, ou mesmo décadas atrás. A vida é curta, então viva no momento presente.

Meu Pai já me dizia quando criança "quem vive de passado é museu"

A pessoa que vive a vida focada muito no seu passado é a mesma coisa de um motorista andando em seu carro olhando apenas pelo retrovisor, chega uma hora em que vai bater

Em vez de pensar "e se", pense **"na próxima vez"**.

Não pense sobre as coisas que você não pode mudar (OU SEJA, O QUE ACONTECEU E OS PENSAMENTOS DE OUTRAS PESSOAS) ou coisas infelizes, porque estas são debilitantes.

Em vez disso, concentre-se nas coisas em que você pode agir.

Essa é a coisa mais construtiva que você pode fazer em qualquer situação.

3. Recebendo Presentes

Em quase todas as culturas do mundo, o ato de presentear faz parte do processo de amor e casamento, e os símbolos mais familiares dessa tradição são o noivado e os anéis de casamento.

A pessoa casada cuja principal linguagem de amor é Receber Presentes frequentemente atribuirá um alto valor ao seu anel, talvez nunca tirando isso.

Na verdade, os presentes de "símbolos visuais do amor" e enfatizo que o valor monetário do presente pouco importa. Você pode comprar, encontrar ou fazer algo para seu amor ou sua amada; é a consideração e a intenção por trás do gesto, é o que significa mais.

4. Atos de Serviço

Essa linguagem do amor é baseada nas rotinas básicas da vida cotidiana. Arrumando camas, trocando fraldas, tirando o lixo - elas não são os gestos glamourosos do amor romântico, mas para a pessoa cuja linguagem principal é o Atos de Serviço, elas são a base do amor maduro e comprometido.

Ao aprender a falar essa linguagem de amor, os estereótipos podem atrapalhar.

Para os casais heterossexuais, qualquer das partes pode acreditar tacitamente que as tarefas domésticas são "trabalho das mulheres", privando os parceiros do sexo masculino da oportunidade de demonstrar amor ao ajudar nessas tarefas.

Aqui em casa é diferente quem faz a comida e meu esposo e dividimos a faxina meio a meio (ELE SEMPRE ACABA FAZENDO MAIS)

Da mesma forma, a fixação do forno pode cair na categoria (anacronicamente) fora dos limites para as mulheres. Casais do mesmo sexo podem se deparar com uma versão deste cenário: Essas tarefas são de sua responsabilidade e estas são minhas. Mantenha esses estereótipos em mente, já que ajudar, não importa a tarefa em questão, fala muito à pessoa do Atos de Serviço.

Esse negócio de meninos veste azul meninas rosas, já está ultrapassada a muito tempo.

ser uma mulher empoderada sem deixar de ser feminina

uma mulher pode levantar a bandeira do empoderamento sem ter que jogar fora a sua essência feminina? Primeiro de tudo ela precisa saber, de forma clara, o sentido e o objetivo deste ato.

Depois, ela deve se conhecer profundamente, conhecer bem suas características, e se respeitar da forma que ela é. Não importa se ela quer ter uma profissão ou escolheu ser dona de casa. O que está em jogo é a sua essência, o seu jeito feminino de ser, independente do posto que ocupa.

A mulher empoderada e feminina sabe usar a sua gentileza para solucionar conflitos, o poder de persuasão para lutar por mais oportunidades, ser afável mesmo que todos estejam esperando atitudes ríspidas, ser generosa sem deixar de lado o desejo de vencer em diversos aspectos.

O empoderamento feminino não é uma guerra entre homens e mulheres e nem é uma busca por fama e dinheiro. O objetivo é fazer com que homens e mulheres possam caminhar lado a lado com respeito, direitos e oportunidades iguais para todos.

A mulher já possui um poder interno, único e grandioso. Ela só precisa se dar conta disso, valorizar essa essência e usar a força que tem do jeito certo para alcançar os objetivos que tanto deseja.

5. Toque Físico

"Muitos homens pensam que sua principal linguagem de amor é o toque físico por causa de seu desejo sexual", diz Jennifer Thomas, PhD, psicóloga clínica na Carolina do Norte que colaborou com Chapman para escrever *As cinco línguas da apologia* (Northfield, 2008).

"Mas isso poderia ser apenas a testosterona falando. O contato sexual é uma parte importante do Toque Físico, mas o toque provavelmente não é a principal linguagem de amor dos homens, a menos que eles também gostem de se esfregar, dar as mãos e serem abraçados como uma afirmação". principal transportador de amor para "falantes nativos" desta linguagem, e sua ausência pode quase parecer um abandono.

Beleza

Não existe um padrão único de beleza. A beleza vem em todas as formas, todos os tamanhos, todas as formas, todas as cores. Você é linda como é. Pare de tentar se conformar à imagem da beleza construída pela sociedade e abraçar a beleza que é você.

Relação cintura-quadril

O doutor Cary Fitzgerald, psicólogo da Universidade da Carolina do Sul em Beaufort, e seus colegas conduziram um estudo e chegaram à conclusão de que os homens memorizam melhor as informações sobre mulheres que têm uma relação cintura-quadril "ideal". Essas mulheres são consideradas as mais atraentes.
Isso quer dizer que não importa se você está se achando fora do peso isso não vai importar pois os homens gostam mesmo de um requebrado dos quadris a ideia da ampulheta não precisa ser necessariamente a magrela da Victoria Secret

seja natural
SER REAL E NATURAL UMA MULHER EMPODERADA NUNCA TENTARÁ SE PARECER COM OUTRA PESSOA OU AGIR DE MANEIRA NÃO NATURAL.

Ser realizada demonstra ser bem-sucedida não está relacionado com ter dinheiro, mas ser feliz com o que faz. Uma mulher deve ter seus próprios interesses e se sentir bem; estando sozinha, tanto quanto estivesse ao lado de alguem. Se ame nos seus mínimos detalhes.

Um bom batom nos lábios e um decote chame atenção inicial nos homens porem mais do que isso existem alguns fatores que passam despercebidos, não quero dizer para jogar sua bolsa de maquiagem no lixo e sair por aí acreditando simplesmente em um diálogo ultra cultural

Segundo estudos a informação visual é responsável por 55% do que o público recebe.
qualidade responde por 38% da reação do público.
 Os restantes 7% do impacto vem
das palavras.
Visual 55%
Vocal 38%
7% Verbal
Esses resultados ressaltam a importância de criar uma primeira impressão forte usando
linguagem corporal eficaz.
Isso quer disser que não apenas um belo corpo irá ser o principal atributo é preciso combinar como apresenta-se junto *(corpo postura e entonação vocal)* Uma mulher poderosa deve parecer entusiasmada com o que está sendo dito.

Expressão facial
Sempre comece com uma expressão facial positiva. Muitos apresentadores erroneamente acreditam que é

inadequado para sorrir em um ambiente profissional. Há alguns sorrisos que são sempre

inadequado - a risada nervosa ou o sorriso de boca fechada. No entanto, um sorriso completo projetos

confiança

Contato visual

Um bom contato visual é essencial para se conectar com o público. A falta de contato visual cria a

impressão de que o orador está despreparado ou não está familiarizado com o assunto. Então, o

alto-falante perde credibilidade. O contato visual também fornece ao interlocutor um feedback importante. Se o

orador está lendo um manuscrito ou olhando para os slides do PowerPoint, é impossível saber

se os ouvintes estão envolvidos ou não.

A chave para um contato visual sólido é olhar para os indivíduos. Mantenha os olhos firmes em uma pessoa até você

terminar uma frase ou um pensamento. Então, olhe para outra pessoa sentada em outra área do

espaço e, novamente, manter contato visual até que o pensamento esteja terminado. Use o sistema de quadrante discutido na sessão de treinamento. O sistema de quadrante permite que o locutor estabeleça

contato visual significativo com todos na sala.

Postura e Movimento

Na maioria dos fóruns públicos, é melhor ficar de pé e entregar ao invés de sentar. Postura em pé

apresenta uma presença mais dominante e dá ao falante melhor controle do público,

particularmente se houver uma sessão de perguntas e respostas. Fique de pé, mas não duro. Adapte o

técnica usada por tenistas e esquiadores, mantenha os joelhos soltos e relaxados.

O movimento ao redor da sala deve ser proposital, não aleatório. Caso contrário, o orador pode

parece estar andando de um lado para o outro como um leão preso em uma gaiola. Movimento proposital pode

transmitir **entusiasmo** sobre um tópico e pode ser muito mais interessante para o público

ver. Além disso, um alto-falante que está confortável se afastando dos lábios , o público se sentirá mais conectado.

Em algumas situações, pode ser mais apropriado permanecer sentada, como em um painel de discussão.

Nessas ocasiões, sente-se reta, ombros para trás e incline-se para a frente a partir da cintura inclinada

em direção ao público. Quando sentada atrás de uma mesa ou escrivaninha, coloque as mãos e os antebraços

mesa. Mantenha as mãos imóveis, a menos que os gestos estejam sendo usados. Nunca amarre os dedos ou gire o

polegares.

Gestos de mão

Use gestos com as mãos para enfatizar pontos importantes, expor a ansiedade e adicionar inflexão vocal.

Não segure nada nas mãos, como pedaços soltos de papel ou canetas. Esses itens só servem para distrair, especialmente quando ocorrem acenos ao redor. Se os gestos das mãos parecerem desconfortáveis, tente segurar

as mãos no nível da cintura e usando movimentos arredondados e suaves.

Tente evitar apontar para membros específicos da audiência. Apontando faz um alto-falante parecer um repreendendo professor da escola. Além disso, evite virar as mãos do pulso ou o golpe de caratê (movimento que políticos costumam usar muito em debates).

O movimento deve ser suave e relaxado.

Os cinco Pontos primordiais da qualidade vocal falando em publico

Vozes interessantes criam impacto. Algumas vozes são instantaneamente reconhecíveis, como Terry Gross de

NPR ou ator James Earl Jones. Existem cinco características de voz que cada mulher poderosa deve ter consigo e pode

controle para aumentar a capacidade vocal e fazer a voz brilhar.

Passo

Uma voz que não tem qualquer mudança no tom é monótona. Uma voz monótona e chata pode embalar o público

durma particularmente depois de uma refeição pesada ou no final de uma longa conferência. Adicionar interesse por propositalmente mudando o tom, acrescentando inflexão. Levante e abaixe o tom usando uma gama completa

de notas musicais. Mas, evite um padrão de canto e música, como um up-lilt no final de uma frase.

Repetidamente aumentar o tom soará como se você estivesse fazendo uma pergunta versus fazer uma

declaração declarativa.

Algumas vozes entram em um rangido agudo quando uma oradora está nervosa. Em momentos de alta

estresse a voz normal fala adulto pode sofrer uma mudança repentina ou pitch-break em um

falsete. Quando a primeira-dama Eleanor Roosevelt entrou pela primeira vez na vida pública, sofria de timidez

e temido falar em público. A voz dela subiria até atingir as notas mais altas e depois

muitas vezes terminaria em uma risada nervosa.

As mulheres têm um tom ligeiramente mais alto porque as cordas vocais femininas são mais curtas. Alta

tons podem significar nervosismo ou excitação descontrolada. Tons mais baixos são mais quentes e

conotar controle, autoridade, perícia. Uma voz mais aguda pode ser atenuada intencionalmente abaixando o tom em palavras chaves e frases.

controlando o tom.

Aquecendo a voz, pode fazer maravilhas para a qualidade do tom. Use respiração profunda

técnicas para relaxar antes de subir ao palco. Evite beber água gelada porque o frio

temperatura contrai as cordas vocais. Beber chá quente ou água à temperatura ambiente para acalmar

na garganta.

Ritmo

Um ritmo ideal é uma taxa de conversação. Esta taxa é agradável para os ouvintes e fornece o

alto-falante com o tempo para respirar corretamente. Para locutores rápidos, a lentidão requer concentração

e pratique. Uma taxa moderada de fala é de aproximadamente 130 a 145 palavras por minuto.

Com uma taxa de conversação global, o discurso será muito mais dinâmico se a taxa mudar

de tempos em tempos. Variando a velocidade impede um andamento lento. Teórico Vocal Max Atkinson

encontraram "combinando essas diferentes técnicas para empacotar e entregar suas mensagens, oradores pode comunicar ao seu público que uma mudança de humor ou andamento está ocorrendo. Eles podem

sinal de que eles estão, por assim dizer, "mudando de marcha", e lançando em uma sequência que será

merecedor de um exame mais detalhado".

Pausa

Se existe uma técnica vocal que está sendo usada, é a pausa. Use a técnica para

destacar dramaticamente palavras e frases-chave. A pausa serve como um sinal vocal para o

audiência para prestar atenção, porque o que vem a seguir é importante. O reverendo Martin

Luther King, Jr. usou pausas para pontuar seu discurso "Eu tenho um sonho".

A pausa pode ser usada como uma transição da ideia principal para a ideia principal. A pausa sinaliza que o

orador está se movendo para outro tópico. As pausas também permitem que os membros da audiência aceitem o que é

sendo dito. O silêncio dá aos ouvintes um breve momento para sintetizar o significado do

palavras. Às vezes é tentador se apressar em uma apresentação, especialmente se o discurso tiver foi dado antes. Tenha em mente que as informações são novas para o público. Pausas

permita que o tempo de audiência ouça e lembre.

Os palestrantes que não fazem uma pausa podem ter o hábito de usar palavras como "um" ou "uh".

Não preencha o que deveria ser silêncio com barulho.

Pronúncia

Foi dito, "quando em dúvida, resmungue". Mas como o autor Jeff Scott Cook escreve "pessoas que

falar suavemente e com dicção fraca são consideradas menos decisivas, menos inteligentes e mais

mal informados de que aqueles que falam com vogais redondas e consoantes nítidas".

Outro bom motivo para usar uma taxa moderada de ritmo, é que um ritmo mais lento permite que o falante

pronunciar claramente cada palavra. Se o discurso é apressado, é fácil deixar cair as consoantes duras

como "t" e "d" no final das palavras, criando um som arrastado. Articulando completamente cada sílaba

de cada palavra, a pronúncia será clara.

Projeção

Propositadamente, alterar a projeção ou o volume é outra maneira de adicionar interesse. Nunca grite ou

gritar especialmente ao usar um microfone, mas aumentar ou diminuir o volume pode ajudar a desenhar

atenção a pontos importantes.

Alguns falantes não conseguem projetar totalmente sua voz, principalmente quando conversam

grupos em grandes salas sem amplificação de áudio. Às vezes, problemas respiratórios podem ser

razão para a falta de volume. Algumas pessoas têm vozes mais suaves. Se você tem uma voz suave, sempre

solicitar um microfone ao falar antes de grupos maiores que 25 pessoas, em salas grandes ou

lado de fora.

Gostar muito significa dizer sim a algo que gostamos

Mas quais são os fatores que levam um homem a gostar de uma mulher a ponto de dizer sim para tudo que ela o pesa?

A) Atratividade Física

Isso significa exatamente o que é dito: se somos atraídos por alguém, é mais provável

ser influenciado por eles.

B) Similaridade

Nós gostamos de pessoas que são semelhantes a nós, seja compartilhando a mesma opinião,

traços de personalidade, experiência, estilo de vida, etc.

• Um bom exemplo são os cliques que se formam no ensino médio: atletas, nerds, banda

geeks, etc. - todos encontraram um grupo ao qual eles mais se associavam. E se você

foram um total social outcast, você provavelmente associado a outros párias.

C) Elogios

Geralmente adoramos receber elogios, mesmo que eles não sejam verdadeiros. Claro, VOCÊ

não cairia por isso. Quero dizer, você é incrivelmente inteligente e divertido por perto. Eu

mencionar o fato de que você é insana e bonita? Sim você!!

D) Contato

Nós gostamos de coisas que são familiares para nós. Por outro lado, muitas vezes tememos o que não sei

ALGUNS EXEMPLOS:

• O contato é uma das razões pelas quais meu amigo Aran come nos mesmos restaurantes várias vezes

e de novo, em vez de tentar um novo lugar.

• O contato é também porque os eleitores afro-americanos votaram esmagadoramente em Obama

na última eleição presidencial e porque os candidatos presidenciais são mais propensos a

vencer em seus estados de origem. Porque eles são familiares e "mais próximos de casa".

E) Cooperação

A cooperação funciona de maneira um pouco diferente. Nós também gostamos de pessoas que trabalham conosco,

em vez de contra nós. Trabalhando juntos em direção a um objetivo comum e

o mesmo lado" é muito poderoso.

EXEMPLOS:

• Isso nos ajuda a entender por que "Yes We Can" funcionou tão bem como um slogan unificador para

a campanha de Obama em 2008 (observe o uso de "nós"?)

• Nós vemos isso o tempo todo em reality shows, como as tribos ou alianças formadas em

"Survivor" ou outro reality show da TV.

F) Condicionamento e Associação

O princípio da Associação "... é geral, governando os aspectos negativos e

conexões positivas. Uma associação inocente com coisas ruins ou boas

as coisas vão influenciar a maneira como as pessoas se sentem em relação a nós".

Todos querem fazer parte de uma equipe vencedora porque isso aumenta sua

em pé. As pessoas tentarão, portanto, ligar-se a eventos positivos e

distanciar-se de eventos negativos.

EXEMPLOS:

• Já notou como as pessoas dizem "ganhamos !!" quando a equipe vence, mas dizem

"Eles perderam !!" quando a equipe deles perde?

• Claro, é a mesma ideia com marcas: Starbucks, Apple, Coach, etc.

essas marcas em grande parte por causa da regra de associação - pelo menos isso é parte do

razão.

• A mesma regra aplica-se a droppers de nomes, que querem que você saiba quem eles

sabe (eu mencionei o seu concorrente xyz comprou de nós na semana passada?)

Aprendendo um novo idioma

Uma vez que aprendemos a principal linguagem amorosa de nossos parceiros, amantes, amigos ou filhos, podemos nos defrontar com a resistência a "falar" por inúmeras razões arraigadas em traumas infantis, ressentimentos enterrados ou simples aversão. Chapman aconselha a paciência e uma abordagem passo a passo. Comece com uma lista simples e limitada de tarefas que você pode fazer ou ajudar. Faça o tipo mais básico de cartão para dar - talvez apenas um pedaço de papel dobrado com um coração sobre ele e uma simples declaração de amor. Passe cinco minutos de tempo de qualidade juntos e trabalhe a partir daí. Segure a mão do seu parceiro no seu passeio à noite. Varra o chão da cozinha.
"O amor é uma decisão, não um sentimento", diz Chapman. Tomar essa decisão diariamente, aconteça o que acontecer e apoiá-la de maneira imperfeita, mas sincera, ajudará seu relacionamento a florescer.

Se você cometer um erro, confesse, peça desculpas e siga em frente - não pondere. Aprecie o feedback e pense:

"O que posso fazer com isso?" Se você não cometer erros, você pode não estar fazendo algo interessante.

As vezes nos frustramos com algumas coisas que nos aconteceu e achamos que nada mais vai dar certo ,o salto quebrou , o baile de formatura não foi do jeito que esperava a sua valsa de quinze anos não teve dança alias hoje em dia as danças já não são as mesma entre creu e até o chão

Chega uma hora que é preciso levantar a cabeça e reconstruir desastres quem aparecem O sucesso não se baseia no sucesso. É construído em falha. É construído na frustração. Às vezes é construído em catástrofe

A mulher poderosa cresce a cada dia a cada barreira que surge se torna um distintivo de vitória. Seja ela mulher, mãe, filha, esposa, companheira

Declarações Poderosas

- Da mesma forma que posturas físicas e "posturas de poder" mostraram influenciar nossa capacidade e resultados, nosso uso da linguagem pode influenciar nossos estados mentais-emocionais. Também pode determinar as respostas que recebemos de outras pessoas.
- Uma das maneiras mais simples de começar a usar a Linguagem Consciente é primeiro notá-la e depois ajustar cuidadosamente o uso de quaisquer palavras ou frases que sigam a palavra "eu" - especialmente "eu sou".
- Os especialistas em Linguagem Consciente sugerem que, dentro dos neurocircuitos do nosso corpo-mente, as palavras "eu sou" funcionam como

uma declaração, predispondo-nos a criar as realidades que estamos falando.

- Nosso eu subconsciente tende a processar a linguagem literalmente, significando que frases como "estou ocupada" ou "estou confusa" são mais propensas a perpetuar esses estados do que aliviá-los.
- Com isso em mente, você pode considerar a troca de frases sem poder como "estou exausto" ou " estou estressado " com declarações mais poderosas (ainda que honestas), como "Estou pronta para descansar e relaxar".
- Observe que isso difere da repetição de afirmações positivas que você não percebe como verdadeiras (uma estratégia que pode sair pela culatra, criando dissonância cognitiva).

GERENCIANDO ROMANCES NO LOCAL DE TRABALHO - NÃO É DE TODO MAL!

O tabu do romance no local de trabalho diminuiu significativamente o lago namoro para uma poça de namoro? -Este é certamente um tópico que parece ter pessoas divididas!

Algumas pessoas parecem achar que os romances no local de trabalho estão bem e outros acreditam que são uma "zona proibida"!

Seja qual for sua opinião sobre romances no local de trabalho, o consenso geral parece ser que ela tem seus pontos positivos e ruins.

De fato, não há realmente nenhum bem ou mal, particularmente quando se trata de namoro - Por quê? Porque não podemos prever o resultado do namoro, ou qualquer outra coisa para esse assunto e quando não podemos prever o resultado, como podemos saber se algo vai ou não funcionar?

Todos conhecemos as vantagens de se apaixonar - por que mais a maioria de nós estaria procurando por ela?

Ao dizer isso, no entanto, não existe um relacionamento perfeito ou um final de conto de fadas, porque sempre há provações e tribulações, que acompanham as vantagens de se apaixonar.

Mesmo quando olhamos para os contras de se apaixonar; estes também são muito fáceis de descobrir.

Vamos dar uma olhada nas desvantagens dos romances no local de trabalho:

O SEU TRABALHO PODE ESTAR PREJUDICADO

Se seu romance no local de trabalho der errado, seu trabalho pode estar em risco.

No entanto, é importante lembrar que seu trabalho só estará em risco se você violar uma regra ou acordo no local de trabalho (e eu nunca recomendaria fazer isso!) Ou se não se comportar de maneira profissional e começar trazendo sua vida pessoal para trabalhar com você.

VOCÊ PODE SER SUBMETIDA ÀS FOFOCAS DO ESCRITÓRIO

Se você está envolvida em um romance de escritório e seus colegas ganham conhecimento disso, você pode se tornar objeto de fofocas no escritório e os rumores podem rapidamente começar a se espalhar quase sempre de forma negativa.

Infelizmente, você não pode evitar que as pessoas falem sobre você no local de trabalho *(ou em qualquer lugar)*. Muitas vezes, mesmo que haja um pressentimento de que algo esteja acontecendo, ou simplesmente olhe para alguém de maneira errada, as pessoas podem começar a falar.

Então você não pode controlar isso. Mas o que você pode controlar é como você lida com isso e o nível de sutileza que você usa ao lidar com seu romance no local de trabalho.

VOCÊ AINDA TEM QUE VÊ-LOS

Outra desvantagem de um romance no local de trabalho é que, se as coisas derem errado, você ainda terá que ver o seu **ex**: em uma base diária!

Imagine passar da pessoa que você amava para o trabalho, ver alguém que você quer sufocar com um travesseiro, ou fazer você chorar toda vez que vir o rosto deles, diariamente! - Não seria exatamente agradável, seria?

Então, se você não quer ter que se demitir de seu emprego, mudar de departamento, ou mesmo ser transferido interestadual, então isso é algo que você deve considerar seriamente, antes de saltar para um romance no local de trabalho.

Se você tem alguma atração ou uma paixão por alguém em seu local de trabalho, você tem o benefício de ter tempo para explorar o que realmente é, sem agir de maneira espontânea ou irresponsável.

Você tem tempo para ver se esses sentimentos desaparecem ou permanecem, o que é um enorme benefício. Frequentemente, se uma atração puramente sexual não é exercida, ela desaparece eventualmente.

Não vamos nos enganar. Há uma enorme diferença entre um romance no local de trabalho e uma festa de Natal na sala de fotocópias. Um, poderia ser uma boa ideia, o último provavelmente não é.

É o que o seu sentimento amor ou pura luxúria? - Esta é uma pergunta que você deveria estar se perguntando primeiro.

COMO DEVO PROCEDER?

Se você optar por se envolver com alguém em seu local de trabalho, acho que a melhor política é ser honesta com seu empregador e com certos colegas.

Também é muito importante lembrar de não trazer seus problemas pessoais para o trabalho, independentemente de você estar ou não em um romance no local de trabalho.

Muitas vezes, quando brigamos com nosso parceiro, gostamos de conversar sobre isso com todos para obter o máximo de opiniões possíveis. Você não pode fazer isso com um romance no local de trabalho. Você precisa deixar seus colegas de fora e nunca os fazer sentir como se tivessem que tomar partido ou se envolver.

Estabelecer algumas regras básicas entre você e seu amante antes de entrar em um relacionamento também é uma boa ideia.

Além de estabelecer algumas regras básicas, tente criar um plano para o que acontecerá caso o relacionamento termine. Eu percebo que pensar sobre o fim de um relacionamento no começo, não é exatamente o ideal ou a maneira mais esperançosa de ver as coisas. No entanto, existem algumas maneiras muito simples de administrar a situação, e sempre vale a pena pensar e agir com cautela, além de estar preparada. Romances no local de trabalho podem funcionar, se forem tratados de forma madura, bem pensada e respeitosa.

Então, pense cuidadosamente sobre o que é certo para você, antes de pular em algo, permanecer fiel a si mesma e não sair de seu próprio código ou valores morais. Lembre-se, existem prós e contras - Com profissionais nos contras e contras dos profissionais!

"Ninguém pode lhe fazer inferior sem a sua permissão."

Eleanor Roosevelt

---

6 maneiras para um melhor romance trabalho / amor / equilíbrio entre a vida

Nesta sociedade sempre ativa, estamos muito disponíveis, o que torna quase impossível o desligamento.

 Somos contatáveis via celular, e-mail e porque somos amigos com nossos chefes no Facebook, via mídia social.

Todos ansiamos por um melhor equilíbrio trabalho / amor / vida, mas tornamos isso quase impossível para nós mesmos?

Mas antes de você entrar em um discurso frenético no Facebook, reunimos 6 maneiras pelas quais você pode criar um melhor equilíbrio trabalho / amor / vida para si mesmo.

1. DEFINIR LIMITES

Você deve definir claramente seus limites quanto ao horário de trabalho e ao horário pessoal.

Por exemplo, quando você acorda de manhã, não procure seu celular e comece a checar os e-mails na cama antes mesmo de enxugar a baba de suas bochechas, ou você começará o dia se sentindo estressado e ansioso.

Os primeiros 20 minutos do seu dia são os mais importantes, por isso não comece com a sua caixa de entrada. Sua mente subconsciente é mais receptiva nos primeiros 20 minutos de você acordando, então por que não usar esse tempo para fazer alguns alongamentos de yoga, fazer anotações ou gastar um pouco mais de tempo na cama fazendo amor. Você sairá em um pé positivo e estabelecerá um limite que este é seu tempo pessoal; um tempo de amor próprio e amor compartilhado.

Brendon Burchard, palestrante motivacional, autor e treinador de best-sellers do NY Times diz, "e-mails são apenas agendas de outras pessoas", então não comece o dia com outras pessoas, comece com sua própria agenda.

Esta é sempre uma área cinzenta, mas é importante que nosso chefe saiba que você está 100% presente no trabalho e dará tudo de si durante as horas de trabalho esperadas, mas certifique-se de que eles também têm responsabilidades externas. Eles não podem ligar para você às 23h e esperar que você responda, ou enviar cinco e-mails antes das 6h e esperar uma resposta às 7h. Você precisa definir claramente seus limites, mas também precisa demonstrar respeito e compreensão, portanto, aproxime-se dessa configuração de limite com um leve toque.

2. SEJA MAIS PRODUTIVA

Para evitar que suas horas de trabalho invadam seu tempo pessoal muito necessário, é importante tornar as horas de trabalho mais produtivas possíveis.

Um estudo da Universidade de Maryland mostra que quanto mais específico você é sobre seus objetivos, mais chances você tem de alcançá-los. Então comece cada dia de trabalho com uma lista de tarefas.

Quando você chegar no escritório, escreva uma lista das tarefas a serem feitas para o dia, mas inclua verbos. Como diz o guru da produtividade, David Allen, começar cada item na sua lista com um verbo torna-lo mais concreto. Por exemplo, em vez de escrever "reunião na sala de reuniões", identifique as ações que envolvera-lo.

 Cada vez que você cruzar algo em sua lista de afazeres, você terá um grande senso de realização, o que o levará a cruzar o próximo, mas lembre-se de incluir coisas que você pode fazer para o seu parceiro nessa lista. Precisamos ter mais consciência de como podemos evitar que a nossa vida profissional se intrometa em nossa vida pessoal e também precisamos estar conscientes de como podemos manter nossa vida pessoal em primeiro plano.

Precisamos estar mais conscientes sobre incluir nossos parceiros em nossas atividades diárias para que nossos empregos não ultrapassem nossas vidas amorosas.

Um texto simples, eu te amo, um bilhete escrito à mão em seu travesseiro, um jantar preparado na hora ou um banho desenhado quando você sabe que eles estão voltando para casa é tudo o que é preciso.

Também é melhor começar o dia com as tarefas mais desgastantes mentalmente na sua lista, pois à medida que o dia avança, a produtividade parece despencar.

3. PEGUE FÉRIAS

Todos nós somos culpadas de acumular nossas férias para que possamos ter esse enorme passeio europeu de 5 semanas, mas essa prática não é equilibrada.

Você deve fazer **pausas claras** durante o ano para atualizar e reiniciar. Caso contrário, você corre o risco de ser queimado e desiludido.

Além disso, não é recomendável levar seu telefone em suas férias ou verificar e-mails de trabalho. É superimportante desligar e estar no presente, especialmente se estiver viajando com um ente querido. Esteja de férias quando estiver de férias e no trabalho quando estiver no trabalho.

Isso também se aplica a mini intervalos. Nós vivemos na terra do fim de semana prolongado então por que não aproveitar isso e planejar uma viagem romântica em algum lugar com antecedência. Vá a algum lugar perto o suficiente para que não demore muito para chegar lá, mas longe o suficiente para sentir que você está fora.

4. TER UMA VIDA SOCIAL

Dar tempo ao jogo é tão importante quanto ter um emprego ou negócio. Alocar tempo a cada semana para amigos e interesses românticos, isso irá garantir que você está alimentando sua alma, bem como sua conta bancária.

A interação social e o tato são algo que ansiamos como humanos e, sem isso, a química do cérebro pode ser afetada negativamente. Veja nosso post anterior sobre o poder do toque humano.

Todo o trabalho e nenhum jogo ... você conhece o ditado.

É realmente sem graça. Por que você não gostaria de fazer um lanche da tarde com amigos ou um jantar quente na sua semana? Esta é a doçura e tempero da vida e a cena de encontros pode ser muito divertida!

5. DEFINIR UMA ROTINA DE FITNESS E STICK TO IT

Temos que aproveitar ao máximo nosso tempo livre e o exercício é uma ótima atividade para incorporar em nosso tempo de lazer. A fim de obter energia, você tem que dar energia, por isso, ter uma rotina de fitness semanal ajudará a prepará-lo para uma semana de trabalho enérgico.

Planeje se exercitar pelo menos 3 vezes por semana para obter os benefícios. Que incluem alívio do estresse, hormônios estimulados, melhor confiança, inteligência e produtividade.

Quando estiver em uma rotina, continue. Você logo começará a ver resultados positivos e se tornará viciante, então você não vai querer perder uma sessão de suor.

6. DESLIGUE SEU CELULAR!

Quando sair com amigos ou em um encontro, desligue seu smartphone. é importante estar presente. Quando você está ocupado demais tirando fotos para o Instagram ou respondendo a textos quando está jantando, não vai poder ficar na sala.

Não só isso, mas é muito rude quando alguém está mais interessado em sua vida virtual do que o que acontece na frente deles.

Quando você chegar em casa do trabalho, tente desligar o telefone e, definitivamente, evite fazer uma triagem dupla na frente da televisão. Seus feeds do Insta e do Facebook estarão lá amanhã e no próximo. Pode parecer um pouco diferente, mas honestamente, quão diferentes são as postagens do seu amigo de um dia para o outro?

Estar presente e no agora é uma das melhores ferramentas que você pode implementar em sua vida; e uma das melhores maneiras de criar um melhor equilíbrio trabalho / amor / vida.

As vezes quando abrimos nosso facebook, nos deparamos com aquela imagem de recordações descritas como lembranças do facebook.
 E podemos comtemplar por um breve momento algumas pessoas que fizeram parte de um momento especial, alguns amigos, colegas de trabalho alguem que conhecemos em uma outra fase e percebemos que hoje elas já não fazem parte daquela vida que levávamos.

Cada uma seguiu seu caminho diferente umas delas bons outros nem tanto outras continuam lá do jeito que as conheceu e você se pergunta ao seu eu interno.
—Caramba nunca iria imaginar naquela época que estaríamos assim do jeito que estamos hoje, as cosias acontece nem sempre da forma que desejamos, mas estão acontecendo a todo momento isso prova que o mundo não vai parar para consertarmos nossas falhas e até mesmo melhore ainda mais os acertos no meio do caminho

Só se vive uma vez o que nos restas são os sorrisos na imagem para nos fazer lembrar o quanto bom a vida é nos seus mais simples detalhes que deixamos passar despercebidos
A emoção é o que leva o ser humano para uma ação
Não se pergunte por que as coisas estão "demorando tanto". De fato, tudo está rolando exatamente como precisa, usando nem um minuto a mais do que a perfeição requer. Descanse e fique em paz. A vida está trabalhando sua magia
Diga a você mesma Sempre sou livre para escolher, e escolher novamente, Sou mulher sou diva deusa faço parte

do equilíbrio da natureza, sou uma Amante, sou uma extensão física de Pura Energia Positiva e Amor.

Sinta e viva a vida com gratidão, diga si porque você está disposta a abrir mão de sua felicidade de sua liberdade o que te leva para o sonho da servidão voluntaria

A forma mais elevada de amor é o amor incondicional, onde você ama os outros sem esperar nada em troca.

 E a mulher possui isso aguçado dentro dela seja ela mãe ou não

---

Temos mais prazer na submissão do que na liberdade

Étienne de la Boétie

Provavelmente não há como ter um relacionamento perfeito. No entanto, a maioria dos casais pode trabalhar efetivamente para melhorar seu relacionamento para benefício mútuo. Muitas vezes, tudo isso leva é um começo. Existe uma precaução. Se uma pessoa toma a iniciativa, normalmente é sensato que essa pessoa retenha as expectativas de que a outra tem que fazer o mesmo. No entanto, ao tomar esta iniciativa, seu companheiro poderá acompanhá-lo nesta aventura pura. Caso contrário, você ainda pode ter solicitado um processo otimista sob seu controle. Quando esse processo se torna natural, as chances são de que você tenha conseguido algo verdadeiramente único.

Seja de mente aberta. Esteja pronto para aceitar diferentes crenças, atitudes, personalidades, culturas, práticas, rituais, estilos de vida, hábitos, raças, nacionalidades, dietas, etc., para todos é diferente. Ninguém está certo; é apenas uma questão do que funciona melhor para o indivíduo.

Como os 3 tipos de narcisistas atuam em uma primeira data

Você pode prever como os narcisistas agem em um relacionamento desde o primeiro encontro.

Quando você diz a palavra "narcisista", a maioria das pessoas imediatamente vê uma pessoa extrovertidas e extrovertida que parece extremamente autoconfiante e imediatamente toma o centro das atenções em todos os encontros. Embora essa seja uma breve descrição do comportamento de um típico narcisista exibicionista que se sente grandioso, deixa de fora muitas outras pessoas que também têm distúrbios narcisistas.

Descobri que é útil dividir o Transtorno da Personalidade Narcisista em três subtipos principais

– **Exibicionista, oculto e tóxico.** Alguns teóricos lhes dão nomes diferentes ou descrevem menos ou mais tipos de narcisistas. Os que eu chamo de narcisistas tóxicos, outros podem chamar narcisistas *malignos*, ou podem descrever todos os não-exibicionistas como narcisistas *encobertos*. Colocando os nomes de lado, a maneira mais fácil de reconhecer qual subgrupo você está lidando é prestando muita atenção em como eles preferem obter seus suprimentos narcísicos. Em resumo:

- **Narcisistas exibicionistas:** querem ser admirados.
- **Narcisistas ocultos**: Quer ser associado com alguém que eles admiram.
- **Narcisistas Tóxicos:** Querem dominar e fazer a outra pessoa se sentir inútil.

Por que é importante reconhecer em qual subgrupo um narcisista pertence?

Se você se encontrar em um relacionamento com alguém que tenha Transtorno de Personalidade Narcisista, você precisa entender exatamente em que você está se metendo e como isso pode afetar seu relacionamento. Você pode obter algumas informações básicas simplesmente reconhecendo que elas têm problemas narcísicos:

- Preocupado com problemas de autoestima.
- Autocentrado.

- Falta de empatia emocional.
- Ultrassensível a desprezos percebidos.
- Facilmente irritado.
- Desvalorizando.
- Altamente status consciente.

Tudo isso torna difícil para as pessoas com Transtorno de Personalidade Narcisista sustentar relacionamentos estáveis, íntimos e amorosos.

Se levarmos as informações acima um passo adiante e classificarmos narcisistas nos três subgrupos básicos, isso nos dá ainda mais informações sobre como eles provavelmente reagirão em relacionamentos íntimos.

Você pode ter tido um relacionamento com um narcisista sem perceber.

Cada um dos três grupos narcisistas tem seu próprio padrão típico de relacionamento. Porque tem havido tanto foco no narcisista exibicionista, muitas pessoas não percebem que existe qualquer outro tipo de distúrbio narcísico. Isso significa que você pode estar com um narcisista não exibicionista por anos sem perceber.

Quando as coisas correm mal, e os traços narcísicos de um parceiro são repentinamente mais óbvios, as pessoas me perguntam: "É possível que meu marido (ou esposa) de repente tenha se tornado narcisista depois de todos esses anos?" A resposta é não; O Transtorno da Personalidade Narcisista é formado na infância e diagnosticável no início da idade adulta. Você só não reconheceu os sinais até agora.

Por que o narcisismo deles é mais óbvio agora? Geralmente acontece que alguma crise da vida tenha ameaçado a autoestima do cônjuge narcisista. Em sua tentativa de lidar com esse desafio, a pessoa aumentou seu uso de defesas narcísicas. Isso agora tornou esses comportamentos defensivos muito mais óbvios.

Isso significa que é altamente provável que as dificuldades narcísicas e as estratégias de enfrentamento de seu parceiro tenham criado problemas em seu relacionamento durante todo o tempo em que estiveram juntos. Você simplesmente não entendia que esse era o problema. Uma vez que você entenda o que procurar, você provavelmente será capaz de ver como as sensibilidades narcísicas de seu cônjuge podem ter desempenhado um papel em muitas das lutas e desentendimentos que vocês dois tiveram ao longo dos anos.

Os três subgrupos narcísicos e suas abordagens aos relacionamentos

Abaixo está uma breve introdução aos três principais subtipos de Transtorno da Personalidade Narcisista e alguns exemplos de como eles podem agir em uma primeira data. Como eles agem nessa data podem fornecer informações úteis sobre como eles se comportariam em um relacionamento contínuo, caso um deles se desenvolva. A diferença é que, em um primeiro encontro, eles estão colocando seu melhor pé em frente. Se você não gosta do comportamento deles, então é menos provável que você desfrute da companhia deles mais tarde, quando eles estão lhe dando garantias e não se esforçando tanto.

Os narcisistas geralmente são bastante abertos quando se trata de demonstrar seu estilo de relacionamento, porque geralmente não estão cientes do que suas ações dizem sobre eles. Eles também tendem a repetir os mesmos padrões de relacionamento repetidas vezes. Você está geralmente seguro em assumir que, se eles fizerem isso com você em um primeiro encontro, eles o fizeram antes – e farão novamente.

1. Narcisistas Exibicionistas

Esse é o grupo de pessoas que vêm à mente quando a maioria das pessoas ouve a palavra "narcisista". Elas gostam de ser o centro de atenção admirada. Eles tendem a dominar conversas, sentem-se habilitados a um tratamento especial, agem extremamente confiantes e gostam de contar histórias e dar conselhos. Quando se sentem inseguros, eles usam o que eu chamo de "GOD DEFESA", por Grandioso, Onipotente e Desvalorizador.

A defesa de "DEUS" é minha maneira abreviada de descrever a fachada defensiva e irrealisticamente perfeita que os narcisistas exibicionistas tentam construir para esconder sua própria dúvida. Em vez de se apresentar como seres humanos normais com talentos e defeitos variados, eles insistem que são especiais, perfeitos, sabem tudo e estão sempre certos. Eles também esperam que todos ao seu redor concordem com seu ponto de vista. Em sua mente, eles estão "acima", e todos, exceto alguns poucos, estão "abaixo" deles.

Porque esta postura arrogante é uma fachada fina e facilmente perfurada e não como eles realmente se sentem por dentro, é facilmente interrompida. Isso faz com que os narcisistas exibicionistas sejam hipersensíveis até mesmo a pequenas ofensas. Eles são rápidos em ficar bravos e prontos para brigar por coisas que a maioria das pessoas nem percebe. Eles também podem ser bastante cruéis, porque não têm empatia emocional.

Quando eles não estão se gabando de suas próprias realizações ou contando histórias em que eles desempenham um papel heroico ou protagonista, eles estão ocupados desvalorizando quem discorda deles. Eles podem zombar cruelmente de alguém que está a certa distância: "Garoto, ela parece gorda nesse vestido!" Ou "Eu não acredito no quão estúpido nosso garçom é". Eles tendem a ignorar as reações reais de outras pessoas a suas atitudes. e comportamento. Eles estão tão cegados por suas próprias defesas que assumem que todos concordam com eles ou pensam que o que estão dizendo é divertido.

Quando eu era criança assisti certa vez um filme que contava a história de uma garotinha chamada Dorothy que precisava alcançar seus sonhos retornando para casa em uma bela aventura

Nessa história contada fazia uma analogia que para que ela alcança-se seus objetivos precisaria enfrentar seu medos, sentimentos e ter sabedoria   que eram representados pelos seus novos amigos ,leão ,homem de lata e o espantalho ao final ela descobre através de sua fada que bastava bater com os calcanhares ,essa é uma história fabulosa não apenas pelo encanto transmitido mas pelo fato de que vivenciamos isso em nosso dia a dia e apenas percebemos quando já estamos ao final do caminho percebemos que as vezes basta apenas darmos um passo à frente para chegarmos aos nossos sonhos assim como Dorothy a sua fada está dentro de você ,

Você tem sua e ela está bem aí esperando que você apenas chacoalhe os joelhos e ir em frente encontre

A Marilyn Monroe, a Cleópatra, a Beyonce, a Madonna, a Marie Curie, a Gabrielle Bonheur Chanel , a Kathrine Switzer a Margaret Heafield, a Dra. Wangari Maathai , a Ada Lovelace, a Maria Quitéria de Jesus, a Helena de troia ,a Dalila , a Anne Frank, a Carmen Miranda, a Evá Peron, a Gertrude Ederle,

Grace hopper , jeanne manford, a Joana D'arc, a Mata hari ,a Diana princesa de Gales, a Rosa Parks, a Eleanor roosevelt ,a Ella Fitzgerald, a Coretta Scott King, a Simone Beauvoir , a Virginia Woolf, a Anna Freud, a Billie Holiday, a Betty Friedan, a Wangari Maathai, a Wilma Roudolph, a Aretha Franklin, Rebecca Walker, Binta Niambi Brown, Monif Clarke, Kathryn Finney

 dentre tantas outras que poderíamos lembrar o verdadeiro segredo que você busca você vai achar dentro do seu coração no seu íntimo feminino mais sublime e quando achar vai perceber que só bastava bater os calcanhares e ir em frente passando o bastão dizendo junte-se nós porque o hoje vale a pena

Você pode transmitir sua energia de forma saudável a outras que precisam sentir essa cura interior aí então ninguém irá te deter pois você sentira a

Mulher mais poderosa do mundo

DEDICADO À MINHA MÃE DALVA A ESTRELA DA MINHA VIDA E MINHAS IRMÃS QUE SEMPRE AMAREI CLAUDIA, GLAUCIA, GRACE